AF704729

book2
books in 2 languages

book2 Deutsch - Bulgarisch für Anfänger

IMPRINT / IMPRESSUM

Johannes Schumann:
book2 Deutsch - Bulgarisch für Anfänger
EAN-13 (ISBN-13): 978-3-93-814103-8

© Copyright 2017 by Goethe Verlag GmbH, 50LANGUAGES LLC and licensors. All rights reserved. No part of this work may be reproduced or transmitted in any form or by any means, electronic or mechanical, including photocopying and recording, or by any information storage or retrieval system without the prior written permission of Goethe Verlag GmbH or 50LANGUAGES LLC unless such copying is expressly permitted by federal copyright law.

© Copyright 2017 Goethe Verlag GmbH, 50LANGUAGES LLC und Lizenzgeber. Alle Rechte vorbehalten, auch die der fotomechanischen Wiedergabe und der Speicherung in elektronischen Medien. Jede Verwendung in anderen als den gesetzlich zugelassenen Fällen bedarf der schriftlichen Einwilligung der Goethe Verlag GmbH oder 50LANGUAGES LLC.

© santosha57 / Fotolia

Inquiries / Anfragen:
info@50languages.com
info@goethe-verlag.com

Inhalt

1 [eins]

1 [едно]
1 [edno]

Personen

Лица
Litsa

ich	аз az
ich und du	аз и ти az i ti
wir beide	ние двамата nie dvamata
er	той toy
er und sie	той и тя toy i tya
sie beide	те двамата te dvamata
der Mann	мъж myzh
die Frau	жена zhena
das Kind	дете dete

1 [eins]

1 [едно]
1 [edno]

Personen

Лица
Litsa

eine Familie	семейство semeystvo
meine Familie	моето семейство moeto semeystvo
Meine Familie ist hier.	Моето семейство е тук. Moeto semeystvo ye tuk.
Ich bin hier.	Аз съм тук. Az sym tuk.
Du bist hier.	Ти си тук. Ti si tuk.
Er ist hier und sie ist hier.	Той е тук и тя е тук. Toy ye tuk i tya ye tuk.
Wir sind hier.	Ние сме тук. Nie sme tuk.
Ihr seid hier.	Вие сте тук. Vie ste tuk.
Sie sind alle hier.	Те всички са тук. Te vsichki sa tuk.

2 [zwei]

2 [две]
2 [dve]

Familie

Семейство
Semeystvo

der Großvater	дядо dyado
die Großmutter	баба baba
er und sie	той и тя toy i tya
der Vater	баща bashcha
die Mutter	майка mayka
er und sie	той и тя toy i tya
der Sohn	син sin
die Tochter	дъщеря dyshcherya
er und sie	той и тя toy i tya

2 [zwei]

Familie

2 [две]
2 [dve]

Семейство
Semeystvo

der Bruder	брат brat
die Schwester	сестра sestra
er und sie	той и тя toy i tya
der Onkel	вуйчо / чичо vuycho / chicho
die Tante	леля / вуйна lelya / vuyna
er und sie	той и тя toy i tya
Wir sind eine Familie.	Ние сме семейство. Nie sme semeystvo.
Die Familie ist nicht klein.	Семейството ни не е малко. Semeystvoto ni ne ye malko.
Die Familie ist groß.	Семейството ни е голямо. Semeystvoto ni ye golyamo.

3 [drei]

3 [три]
3 [tri]

Kennen lernen

Запознанство
Zapoznanstvo

Hallo!	Здравей! / Здравейте! Zdravey! / Zdraveyte!
Guten Tag!	Добър ден! Dobyr den!
Wie geht's?	Как си? Kak si?
Kommen Sie aus Europa?	От Европа ли сте? Ot Yevropa li ste?
Kommen Sie aus Amerika?	От Америка ли сте? Ot Amerika li ste?
Kommen Sie aus Asien?	От Азия ли сте? Ot Aziya li ste?
In welchem Hotel wohnen Sie?	В кой хотел сте отседнали? V koy khotel ste otsednali?
Wie lange sind Sie schon hier?	Колко дълго сте тук? Kolko dylgo ste tuk?
Wie lange bleiben Sie?	Колко време ще останете? Kolko vreme shche ostanete?

3 [drei]

3 [три]
3 [tri]

Kennen lernen

Запознанство
Zapoznanstvo

Gefällt es Ihnen hier?	Харесва ли Ви тук? Kharesva li Vi tuk?
Machen Sie hier Urlaub?	Вие на почивка ли сте тук? Vie na pochivka li ste tuk?
Besuchen Sie mich mal!	Елате ми на гости! Elate mi na gosti!
Hier ist meine Adresse.	Ето адреса ми. Eto adresa mi.
Sehen wir uns morgen?	Ще се видим ли утре? Shche se vidim li utre?
Tut mir Leid, ich habe schon etwas vor.	Съжалявам, вече имам нещо предвид. Syzhalyavam, veche imam neshcho predvid.
Tschüs!	Чао! Chao!
Auf Wiedersehen!	Довиждане! Dovizhdane!
Bis bald!	До скоро! Do skoro!

4 [vier]

4 [четири]
4 [chetiri]

In der Schule

В училище
V uchilishche

Wo sind wir?	Къде сме? Kyde sme?
Wir sind in der Schule.	Ние сме в училище. Nie sme v uchilishche.
Wir haben Unterricht.	Имаме часове. Imame chasove.
Das sind die Schüler.	Това са учениците. Tova sa uchenitsite.
Das ist die Lehrerin.	Това е учителката. Tova ye uchitelkata.
Das ist die Klasse.	Това е класът. Tova ye klasyt.
Was machen wir?	Какво правим ние? Kakvo pravim nie?
Wir lernen.	Ние учим. Nie uchim.
Wir lernen eine Sprache.	Ние учим език. Nie uchim yezik.

4 [vier]

4 [четири]
4 [chetiri]

In der Schule

В училище
V uchilishche

Ich lerne Englisch. | Аз уча английски.
Az ucha angliyski.

Du lernst Spanisch. | Ти учиш испански.
Ti uchish ispanski.

Er lernt Deutsch. | Той учи немски.
Toy uchi nemski.

Wir lernen Französisch. | Ние учим френски.
Nie uchim frenski.

Ihr lernt Italienisch. | Вие учите италиански.
Vie uchite italianski.

Sie lernen Russisch. | Те учат руски.
Te uchat ruski.

Sprachen lernen ist interessant. | Да се учат езици е интересно.
Da se uchat yezitsi ye interesno.

Wir wollen Menschen verstehen. | Ние искаме да разбираме хората.
Nie iskame da razbirame khorata.

Wir wollen mit Menschen sprechen. | Ние искаме да разговаряме с хората.
Nie iskame da razgovaryame s khorata.

5 [fünf]

5 [пет]
5 [pet]

Länder und Sprachen

Страни и езици
Strani i yezitsi

John ist aus London.	Джон е от Лондон. Dzhon ye ot London.
London liegt in Großbritannien.	Лондон се намира във Великобритания. London se namira vyv Velikobritaniya.
Er spricht Englisch.	Той говори английски. Toy govori angliyski.
Maria ist aus Madrid.	Мария е от Мадрид. Mariya ye ot Madrid.
Madrid liegt in Spanien.	Мадрид се намира в Испания. Madrid se namira v Ispaniya.
Sie spricht Spanisch.	Тя говори испански. Tya govori ispanski.
Peter und Martha sind aus Berlin.	Петер и Марта са от Берлин. Peter i Marta sa ot Berlin.
Berlin liegt in Deutschland.	Берлин се намира в Германия. Berlin se namira v Germaniya.
Sprecht ihr beide Deutsch?	Вие двамата говорите ли немски? Vie dvamata govorite li nemski?

5 [fünf]

5 [пет]
5 [pet]

Länder und Sprachen

Страни и езици
Strani i yezitsi

London ist eine Hauptstadt.
Лондон е столица.
London ye stolitsa.

Madrid und Berlin sind auch Hauptstädte.
Мадрид и Берлин също са столици.
Madrid i Berlin syshcho sa stolitsi.

Die Hauptstädte sind groß und laut.
Столиците са големи и шумни.
Stolitsite sa golemi i shumni.

Frankreich liegt in Europa.
Франция се намира в Европа.
Frantsiya se namira v Yevropa.

Ägypten liegt in Afrika.
Египет се намира в Африка.
Egipet se namira v Afrika.

Japan liegt in Asien.
Япония се намира в Азия.
Yaponiya se namira v Aziya.

Kanada liegt in Nordamerika.
Канада се намира в Северна Америка.
Kanada se namira v Severna Amerika.

Panama liegt in Mittelamerika.
Панама се намира в Централна Америка.
Panama se namira v Tsentralna Amerika.

Brasilien liegt in Südamerika.
Бразилия се намира в Южна Америка.
Braziliya se namira v Yuzhna Amerika.

6 [sechs]

6 [шест]
6 [shest]

Lesen und schreiben

Четене и писане
Chetene i pisane

Ich lese.	Аз чета. Az cheta.
Ich lese einen Buchstaben.	Аз чета една буква. Az cheta yedna bukva.
Ich lese ein Wort.	Аз чета една дума. Az cheta yedna duma.
Ich lese einen Satz.	Аз чета едно изречение. Az cheta yedno izrechenie.
Ich lese einen Brief.	Аз чета едно писмо. Az cheta yedno pismo.
Ich lese ein Buch.	Аз чета една книга. Az cheta yedna kniga.
Ich lese.	Аз чета. Az cheta.
Du liest.	Ти четеш. Ti chetesh.
Er liest.	Той чете. Toy chete.

6 [sechs]

Lesen und schreiben

6 [шест]
6 [shest]

Четене и писане
Chetene i pisane

Ich schreibe.	Аз пиша. Az pisha.
Ich schreibe einen Buchstaben.	Аз пиша една буква. Az pisha yedna bukva.
Ich schreibe ein Wort.	Аз пиша една дума. Az pisha yedna duma.
Ich schreibe einen Satz.	Аз пиша едно изречение. Az pisha yedno izrechenie.
Ich schreibe einen Brief.	Аз пиша едно писмо. Az pisha yedno pismo.
Ich schreibe ein Buch.	Аз пиша една книга. Az pisha yedna kniga.
Ich schreibe.	Аз пиша. Az pisha.
Du schreibst.	Ти пишеш. Ti pishesh.
Er schreibt.	Той пише. Toy pishe.

7 [sieben]

Zahlen

7 [седем]

7 [sedem]

Числата

Chislata

Ich zähle:

eins, zwei, drei

Ich zähle bis drei.

Ich zähle weiter:

vier, fünf, sechs,

sieben, acht, neun

Ich zähle.

Du zählst.

Er zählt.

Аз броя:
Az broya:

едно, две, три
edno, dve, tri

Аз броя до три.
Az broya do tri.

Аз продължавам да броя:
Az prodylzhavam da broya:

четири, пет, шест,
chetiri, pet, shest,

седем, осем, девет
sedem, osem, devet

Аз броя.
Az broya.

Ти броиш.
Ti broish.

Той брои.
Toy broi.

7 [sieben]

Zahlen

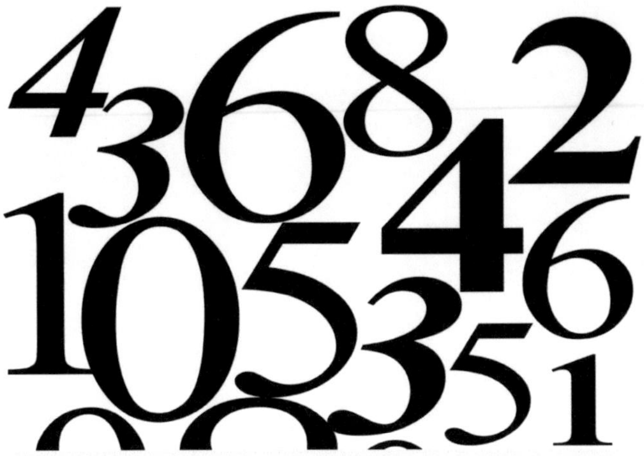

7 [седем]
7 [sedem]

Числата
Chislata

Eins. Der Erste.	Едно. Първи. Edno. Pyrvi.
Zwei. Der Zweite.	Две. Втори. Dve. Vtori.
Drei. Der Dritte.	Три. Трети. Tri. Treti.
Vier. Der Vierte.	Четири. Четвърти. Chetiri. Chetvyrti.
Fünf. Der Fünfte.	Пет. Пети. Pet. Peti.
Sechs. Der Sechste.	Шест. Шести. Shest. Shesti.
Sieben. Der Siebte.	Седем. Седми. Sedem. Sedmi.
Acht. Der Achte.	Осем. Осми. Osem. Osmi.
Neun. Der Neunte.	Девет. Девети. Devet. Deveti.

8 [acht]

8 [осем]
8 [osem]

Uhrzeiten

Часът
Chasyt

Entschuldigen Sie!	Извинете! Izvinete!
Wie viel Uhr ist es, bitte?	Колко е часът, моля? Kolko ye chasyt, molya?
Danke vielmals.	Много благодаря. Mnogo blagodarya.
Es ist ein Uhr.	Часът е един. Chasyt ye yedin.
Es ist zwei Uhr.	Часът е два. Chasyt ye dva.
Es ist drei Uhr.	Часът е три. Chasyt ye tri.
Es ist vier Uhr.	Часът е четири. Chasyt ye chetiri.
Es ist fünf Uhr.	Часът е пет. Chasyt ye pet.
Es ist sechs Uhr.	Часът е шест. Chasyt ye shest.

8 [acht]

8 [осем]
8 [osem]

Uhrzeiten

Часът
Chasyt

Es ist sieben Uhr.	Часът е седем. Chasyt ye sedem.
Es ist acht Uhr.	Часът е осем. Chasyt ye osem.
Es ist neun Uhr.	Часът е девет. Chasyt ye devet.
Es ist zehn Uhr.	Часът е десет. Chasyt ye deset.
Es ist elf Uhr.	Часът е единайсет. Chasyt ye yedinayset.
Es ist zwölf Uhr.	Часът е дванайсет. Chasyt ye dvanayset.
Eine Minute hat sechzig Sekunden.	Една минута има шейсет секунди. Edna minuta ima sheyset sekundi.
Eine Stunde hat sechzig Minuten.	Един час има шейсет минути. Edin chas ima sheyset minuti.
Ein Tag hat vierundzwanzig Stunden.	Денонощието има двайсет и четири часа. Denonoshchieto ima dvayset i chetiri chasa.

9 [neun]

Wochentage

9 [девет]
9 [devet]

Дните на седмицата
Dnite na sedmitsata

der Montag	понеделник ponedelnik
der Dienstag	вторник vtornik
der Mittwoch	сряда sryada
der Donnerstag	четвъртък chetvyrtyk
der Freitag	петък petyk
der Samstag	събота sybota
der Sonntag	неделя nedelya
die Woche	седмица sedmitsa
von Montag bis Sonntag	от понеделник до неделя ot ponedelnik do nedelya

9 [neun]

Wochentage

9 [девет]
9 [devet]

Дните на седмицата
Dnite na sedmitsata

Der erste Tag ist Montag.
Първият ден е понеделник.
Pyrviyat den ye ponedelnik.

Der zweite Tag ist Dienstag.
Вторият ден е вторник.
Vtoriyat den ye vtornik.

Der dritte Tag ist Mittwoch.
Третият ден е сряда.
Tretiyat den ye sryada.

Der vierte Tag ist Donnerstag.
Четвъртият ден е четвъртък.
Chetvyrtiyat den ye chetvyrtyk.

Der fünfte Tag ist Freitag.
Петият ден е петък.
Petiyat den ye petyk.

Der sechste Tag ist Samstag.
Шестият ден е събота.
Shestiyat den ye sybota.

Der siebte Tag ist Sonntag.
Седмият ден е неделя.
Sedmiyat den ye nedelya.

Die Woche hat sieben Tage.
Седмицата има седем дни.
Sedmitsata ima sedem dni.

Wir arbeiten nur fünf Tage.
Ние работим само пет дни.
Nie rabotim samo pet dni.

10 [zehn]

Gestern – heute – morgen

10 [десет]
10 [deset]

вчера – днес – утре
vchera – dnes – utre

Gestern war Samstag.	Вчера беше събота. Vchera beshe sybota.
Gestern war ich im Kino.	Вчера бях на кино. Vchera byakh na kino.
Der Film war interessant.	Филмът беше интересен. Filmyt beshe interesen.
Heute ist Sonntag.	Днес е неделя. Dnes ye nedelya.
Heute arbeite ich nicht.	Днес не работя. Dnes ne rabotya.
Ich bleibe zu Hause.	Аз оставам вкъщи. Az ostavam vkyshchi.
Morgen ist Montag.	Утре е понеделник. Utre ye ponedelnik.
Morgen arbeite ich wieder.	Утре аз отново работя. V ponedelnik az otnovo rabotya.
Ich arbeite im Büro.	Аз работя в офис. Az rabotya v ofis.

10 [zehn]

Gestern – heute – morgen

10 [десет]
10 [deset]

вчера – днес – утре
vchera – dnes – utre

Wer ist das?

Кой е това?
Koy ye tova?

Das ist Peter.

Това е Петер.
Tova ye Peter.

Peter ist Student.

Петер е студент.
Peter ye student.

Wer ist das?

Кой е това?
Koy ye tova?

Das ist Martha.

Това е Марта.
Tova ye Marta.

Martha ist Sekretärin.

Марта е секретарка.
Marta ye sekretarka.

Peter und Martha sind Freunde.

Петер и Марта са приятели.
Peter i Marta sa priyateli.

Peter ist der Freund von Martha.

Петер е приятелят на Марта.
Peter ye priyatelyat na Marta.

Martha ist die Freundin von Peter.

Марта е приятелката на Петер.
Marta ye priyatelkata na Peter.

11 [elf]

Monate

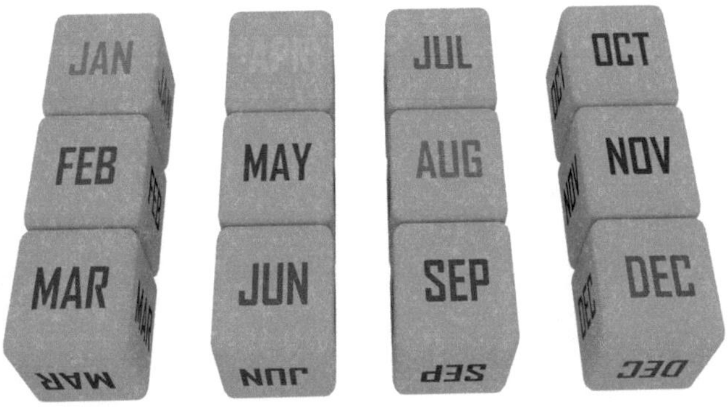

11 [единайсет]
11 [edinayset]

Месеците
Mesetsite

der Januar	януари yanuari
der Februar	февруари fevruari
der März	март mart
der April	април april
der Mai	май may
der Juni	юни yuni
Das sind sechs Monate.	Това са шест месеца. Tova sa shest mesetsa.
Januar, Februar, März,	януари, февруари, март, yanuari, fevruari, mart,
April, Mai und Juni.	април, май и юни. april, may i yuni.

11 [elf]

Monate

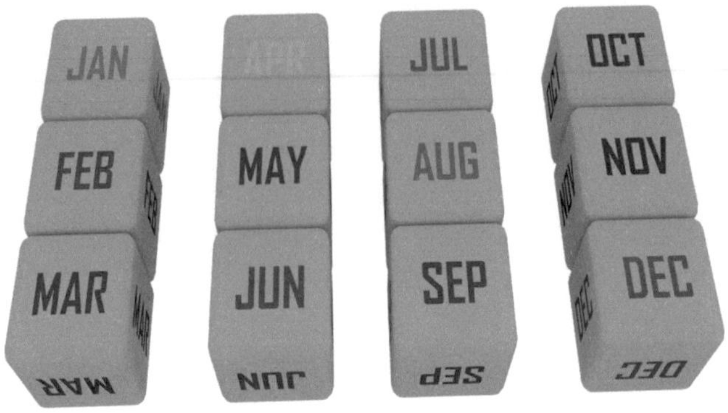

11 [единайсет]
11 [edinayset]

Месеците
Mesetsite

der Juli | юли
yuli

der August | август
avgust

der September | септември
septemvri

der Oktober | октомври
oktomvri

der November | ноември
noemvri

der Dezember | декември
dekemvri

Das sind auch sechs Monate. | Това също са шест месеца.
Tova sa shest mesetsa.

Juli, August, September, | юли, август, септември,
yuli, avgust, septemvri,

Oktober, November und Dezember. | октомври, ноември и декември.
oktomvri, noemvri i dekemvri.

12 [zwölf]

12 [дванайсет]
12 [dvanayset]

Getränke

Напитки
Napitki

Ich trinke Tee.	Аз пия чай. Az piya chay.
Ich trinke Kaffee.	Аз пия кафе. Az piya kafe.
Ich trinke Mineralwasser.	Аз пия минерална вода. Az piya mineralna voda.
Trinkst du Tee mit Zitrone?	Пиеш ли чай с лимон? Piesh li chay s limon?
Trinkst du Kaffee mit Zucker?	Пиеш ли кафе със захар? Piesh li kafe sys zakhar?
Trinkst du Wasser mit Eis?	Пиеш ли вода с лед? Piesh li voda s led?
Hier ist eine Party.	Тук има парти. Tuk ima parti.
Die Leute trinken Sekt.	Хората пият шампанско. Khorata piyat shampansko.
Die Leute trinken Wein und Bier.	Хората пият вино и бира. Khorata piyat vino i bira.

12 [zwölf]

12 [дванайсет]
12 [dvanayset]

Getränke

Напитки
Napitki

Trinkst du Alkohol?	Пиеш ли алкохол? Piesh li alkokhol?
Trinkst du Whisky?	Пиеш ли уиски? Piesh li uiski?
Trinkst du Cola mit Rum?	Пиеш ли кола с ром? Piesh li kola s rom?
Ich mag keinen Sekt.	Аз не обичам шампанско. Az ne obicham shampansko.
Ich mag keinen Wein.	Аз не обичам вино. Az ne obicham vino.
Ich mag kein Bier.	Аз не обичам бира. Az ne obicham bira.
Das Baby mag Milch.	Бебето обича мляко. Bebeto obicha mlyako.
Das Kind mag Kakao und Apfelsaft.	Детето обича какао и ябълков сок. Deteto obicha kakao i yabylkov sok.
Die Frau mag Orangensaft und Grapefruitsaft.	Жената обича портокалов сок и сок от грейпфрут. Zhenata obicha portokalov sok i sok ot greypfrut.

13 [dreizehn]

13 [тринайсет]
13 [trinayset]

Tätigkeiten

Дейности
Deynosti

Was macht Martha?	Какво прави Марта? Kakvo pravi Marta?
Sie arbeitet im Büro.	Тя работи в офис. Tya raboti v ofis.
Sie arbeitet am Computer.	Тя работи на компютъра. Tya raboti na kompyutyra.
Wo ist Martha?	Къде е Марта? Kyde ye Marta?
Im Kino.	На кино. Na kino.
Sie schaut sich einen Film an.	Тя гледа филм. Tya gleda film.
Was macht Peter?	Какво прави Петер? Kakvo pravi Peter?
Er studiert an der Universität.	Той следва в университета. Toy sledva v universiteta.
Er studiert Sprachen.	Той учи езици. Toy uchi yezitsi.

13 [dreizehn]

13 [тринайсет]
13 [trinayset]

Tätigkeiten

Дейности
Deynosti

Wo ist Peter?

Къде е Петер?
Kyde ye Peter?

Im Café.

В кафенето.
V kafeneto.

Er trinkt Kaffee.

Той пие кафе.
Toy pie kafe.

Wohin gehen sie gern?

Те къде обичат да ходят?
Te kyde obichat da khodyat?

Ins Konzert.

На концерт.
Na kontsert.

Sie hören gern Musik.

Те обичат да слушат музика.
Te obichat da slushat muzika.

Wohin gehen sie nicht gern?

Те къде не обичат да ходят?
Te kyde ne obichat da khodyat?

In die Disco.

В дискотеката.
V diskotekata.

Sie tanzen nicht gern.

Те не обичат да танцуват.
Te ne obichat da tantsuvat.

14 [vierzehn]

14 [четиринайсет]
14 [chetirinayset]

Farben

Цветовете
Tsvetovete

Der Schnee ist weiß.	Снегът е бял. Snegyt ye byal.
Die Sonne ist gelb.	Слънцето е жълто. Slyntseto ye zhylto.
Die Orange ist orange.	Портокалът е оранжев. Portokalyt ye oranzhev.
Die Kirsche ist rot.	Черешата е червена. Chereshata ye chervena.
Der Himmel ist blau.	Небето е синьо. Nebeto ye sinьo.
Das Gras ist grün.	Тревата е зелена. Trevata ye zelena.
Die Erde ist braun.	Пръстта е кафява. Prystta ye kafyava.
Die Wolke ist grau.	Облакът е сив. Oblakyt ye siv.
Die Reifen sind schwarz.	Автомобилните гуми са черни. Avtomobilnite gumi sa cherni.

14 [vierzehn]

14 [четиринайсет]
14 [chetirinayset]

Farben

Цветовете
Tsvetovete

Welche Farbe hat der Schnee? Weiß.	Какъв цвят е снегът? Бял. Kakyv tsvyat ye snegyt? Byal.
Welche Farbe hat die Sonne? Gelb.	Какъв цвят е слънцето? Жълт. Kakyv tsvyat ye slyntseto? Zhylt.
Welche Farbe hat die Orange? Orange.	Какъв цвят е портокалът? Оранжев. Kakyv tsvyat ye portokalyt? Oranzhev.
Welche Farbe hat die Kirsche? Rot.	Какъв цвят е черешата? Червен. Kakyv tsvyat ye chereshata? Cherven.
Welche Farbe hat der Himmel? Blau.	Какъв цвят е небето? Син. Kakyv tsvyat ye nebeto? Sin.
Welche Farbe hat das Gras? Grün.	Какъв цвят е тревата? Зелен. Kakyv tsvyat ye trevata? Zelen.
Welche Farbe hat die Erde? Braun.	Какъв цвят е пръстта? Кафяв. Kakyv tsvyat ye prystta? Kafyav.
Welche Farbe hat die Wolke? Grau.	Какъв цвят е облакът? Сив. Kakyv tsvyat ye oblakyt? Siv.
Welche Farbe haben die Reifen? Schwarz.	Какъв цвят са гумите? Черен. Kakyv tsvyat sa gumite? Cheren.

15 [fünfzehn]

Früchte und Lebensmittel

15 [петнайсет]
15 [petnayset]

Плодове и хранителни продукти

Plodove i khranitelni produkti

Ich habe eine Erdbeere.	Имам една ягода. Imam yedna yagoda.
Ich habe eine Kiwi und eine Melone.	Имам едно киви и една диня. Imam yedno kivi i yedna dinya.
Ich habe eine Orange und eine Grapefruit.	Имам един портокал и един грейпфрут. Imam yedin portokal i yedin greypfrut.
Ich habe einen Apfel und eine Mango.	Имам една ябълка и едно манго. Ima yedna yabylka i yedno mango.
Ich habe eine Banane und eine Ananas.	Имам един банан и един ананас. Ima yedin banan i yedin ananas.
Ich mache einen Obstsalat.	Аз правя плодова салата. Az pravya plodova salata.
Ich esse einen Toast.	Аз ям препечена филия. Az yam prepechena filiya.
Ich esse einen Toast mit Butter.	Аз ям препечена филия с масло. Az yam prepechena filiya s maslo.
Ich esse einen Toast mit Butter und Marmelade.	Аз ям препечена филия с масло и мармалад. Az yam prepechena filiya s maslo i marmalad.

15 [fünfzehn]

Früchte und Lebensmittel

15 [петнайсет]
15 [petnayset]

Плодове и хранителни продукти

Plodove i khranitelni produkti

Ich esse ein Sandwich.	Аз ям сандвич. Az yam sandvich.
Ich esse ein Sandwich mit Margarine.	Аз ям сандвич с маргарин. Az yam sandvich s margarin.
Ich esse ein Sandwich mit Margarine und Tomate.	Аз ям сандвич с маргарин и домат. Az yam sandvich s margarin i domat.
Wir brauchen Brot und Reis.	Трябват ни хляб и ориз. Tryabvat ni khlyab i oriz.
Wir brauchen Fisch und Steaks.	Трябват ни риба и месо за скара. Tryabvat ni riba i meso za skara.
Wir brauchen Pizza und Spagetti.	Трябват ни пица и спагети. Tryabvat ni pitsa i spageti.
Was brauchen wir noch?	Какво още ни трябва? Kakvo oshche ni tryabva?
Wir brauchen Karotten und Tomaten für die Suppe.	Трябват ни моркови и домати за супата. Tryabvat ni morkovi i domati za supata.
Wo ist ein Supermarkt?	Къде има супермаркет? Kyde ima supermarket?

16 [sechzehn]

16 [шестнайсет]
16 [shestnayset]

Jahreszeiten und Wetter

Сезоните и времето
Sezonite i vremeto

Das sind die Jahreszeiten:

Der Frühling, der Sommer,

der Herbst und der Winter.

Това са сезоните:
Tova sa sezonite:
пролет, лято,
prolet, lyato,
есен и зима.
esen i zima.

Der Sommer ist heiß.

Im Sommer scheint die Sonne.

Im Sommer gehen wir gern spazieren.

Лятото е горещо.
Lyatoto ye goreshcho.
През лятото слънцето грее.
Prez lyatoto slyntseto gree.
През лятото ние с удоволствие се разхождаме.
Prez lyatoto nie s udovolstvie se razkhozhdame.

Der Winter ist kalt.

Im Winter schneit oder regnet es.

Im Winter bleiben wir gern zu Hause.

Зимата е студена.
Zimata ye studena.
През зимата вали сняг или дъжд.
Prez zimata vali snyag ili dyzhd.
През зимата обичаме да стоим вкъщи.
Prez zimata obichame da stoim vkyshchi.

16 [sechzehn]

16 [шестнайсет]
16 [shestnayset]

Jahreszeiten und Wetter

Сезоните и времето
Sezonite i vremeto

Es ist kalt.	Студено е. Studeno ye.
Es regnet.	Вали дъжд. Vali dyzhd.
Es ist windig.	Духа вятър. Dukha vyatyr.
Es ist warm.	Топло е. Toplo ye.
Es ist sonnig.	Слънчево е. Slynchevo ye.
Es ist heiter.	Ясно е. Yasno ye.
Wie ist das Wetter heute?	Какво е времето днес? Kakvo ye vremeto dnes?
Es ist kalt heute.	Днес е студено. Dnes ye studeno.
Es ist warm heute.	Днес е топло. Dnes ye toplo.

17 [siebzehn]

17 [седемнайсет]
17 [sedemnayset]

Im Haus

Вкъщи
Vkyshchi

Hier ist unser Haus.	Тук е нашата къща. Tuk ye nashata kyshcha.
Oben ist das Dach.	Горе е покривът. Gore ye pokrivyt.
Unten ist der Keller.	Долу е мазето. Dolu ye mazeto.
Hinter dem Haus ist ein Garten.	Зад къщата има градина. Zad kyshchata ima gradina.
Vor dem Haus ist keine Straße.	Пред къщата няма улица. Pred kyshchata nyama ulitsa.
Neben dem Haus sind Bäume.	До къщата има дървета. Do kyshchata ima dyrveta.
Hier ist meine Wohnung.	Тук е моето жилище. Tuk ye moeto zhilishche.
Hier ist die Küche und das Bad.	Тук са кухнята и банята. Tuk sa kukhnyata i banyata.
Dort sind das Wohnzimmer und das Schlafzimmer.	Там са всекидневната и спалнята. Tam sa vsekidnevnata i spalnyata.

17 [siebzehn]

17 [седемнайсет]
17 [sedemnayset]

Im Haus

Вкъщи
Vkyshchi

Die Haustür ist geschlossen.	Входната врата е затворена. Vkhodnata vrata ye zatvorena.
Aber die Fenster sind offen.	Но прозорците са отворени. No prozortsite sa otvoreni.
Es ist heiß heute.	Днес е горещо. Dnes ye goreshcho.
Wir gehen in das Wohnzimmer.	Ние влизаме във всекидневната. Nie vlizame vyv vsekidnevnata.
Dort sind ein Sofa und ein Sessel.	Там има диван и фотьойл / кресло. Tam ima divan i fotьoyl / kreslo.
Setzen Sie sich!	Седнете! Sednete!
Dort steht mein Computer.	Там е моят компютър. Tam ye moyat kompyutyr.
Dort steht meine Stereoanlage.	Там е моята стерео-уредба. Tam ye moyata stereo-uredba.
Der Fernseher ist ganz neu.	Телевизорът е съвсем нов. Televizoryt ye syvsem nov.

18 [achtzehn]

18 [осемнайсет]
18 [osemnayset]

Hausputz

Почистване на къщата
Pochistvane na kyshchata

Heute ist Samstag.	Днес е събота Dnes ye sybota
Heute haben wir Zeit.	Днес ние имаме време. Dnes nie imame vreme.
Heute putzen wir die Wohnung.	Днес ние чистим жилището. Dnes nie chistim zhilishcheto.
Ich putze das Bad.	Аз чистя банята. Az chistya banyata.
Mein Mann wäscht das Auto.	Моят мъж мие колата. Moyat myzh mie kolata.
Die Kinder putzen die Fahrräder.	Децата чистят велосипедите / колелата. Detsata chistyat velosipedite / kolelata.
Oma gießt die Blumen.	Баба полива цветята. Baba poliva tsvetyata.
Die Kinder räumen das Kinderzimmer auf.	Децата разтребват детската стая. Detsata raztrebvat detskata staya.
Mein Mann räumt seinen Schreibtisch auf.	Моят мъж разтребва бюрото си. Moyat myzh raztrebva byuroto si.

18 [achtzehn]

18 [осемнайсет]
18 [osemnayset]

Hausputz

Почистване на къщата
Pochistvane na kyshchata

Ich stecke die Wäsche in die Waschmaschine.	Аз слагам прането в пералнята. Az slagam praneto v peralnyata.
Ich hänge die Wäsche auf.	Аз простирам прането. Az prostiram praneto.
Ich bügele die Wäsche.	Аз гладя прането. Az gladya praneto.
Die Fenster sind schmutzig.	Прозорците са мръсни. Prozortsite sa mrysni.
Der Fußboden ist schmutzig.	Подът е мръсен. Podyt ye mrysen.
Das Geschirr ist schmutzig.	Съдовете са мръсни. Sydovete sa mrysni.
Wer putzt die Fenster?	Кой чисти прозорците? Koy chisti prozortsite?
Wer saugt Staub?	Кой чисти с прахосмукачката? Koy chisti s prakhosmukachkata?
Wer spült das Geschirr?	Кой мие съдовете? Koy mie sydovete?

19 [neunzehn]

19 [деветнайсет]
19 [devetnayset]

In der Küche

В кухнята
V kukhnyata

Hast du eine neue Küche?	Нова кухня ли имаш? Nova kukhnya li imash?
Was willst du heute kochen?	Какво искаш да сготвиш днес? Kakvo iskash da sgotvish dnes?
Kochst du elektrisch oder mit Gas?	На електрическа печка ли готвиш или на газ? Na yelektricheska pechka li gotvish ili na gaz?
Soll ich die Zwiebeln schneiden?	Да нарежа ли лука? Da narezha li luka?
Soll ich die Kartoffeln schälen?	Да обеля ли картофите? Da obelya li kartofite?
Soll ich den Salat waschen?	Да измия ли салатата? Da izmiya li salatata?
Wo sind die Gläser?	Къде са чашите? Kyde sa chashite?
Wo ist das Geschirr?	Къде са съдовете? Kyde sa sydovete?
Wo ist das Besteck?	Къде са приборите? Kyde sa priborite?

19 [neunzehn]

19 [деветнайсет]
19 [devetnayset]

In der Küche

В кухнята
V kukhnyata

Hast du einen Dosenöffner?	Имаш ли отварачка за консерви? Imash li otvarachka za konservi?
Hast du einen Flaschenöffner?	Имаш ли отварачка за бутилки? Imash li otvarachka za butilki?
Hast du einen Korkenzieher?	Имаш ли тирбушон? Imash li tirbushon?
Kochst du die Suppe in diesem Topf?	В тази тенджера ли ще готвиш супата? V tazi tendzhera li shche gotvish supata?
Brätst du den Fisch in dieser Pfanne?	В този тиган ли ще пържиш рибата? V tozi tigan li shche pyrzhish ribata?
Grillst du das Gemüse auf diesem Grill?	На тази скара ли ще печеш зеленчуците? Na tazi skara li shche pechesh zelenchutsite?
Ich decke den Tisch.	Аз слагам масата. Az slagam masata.
Hier sind die Messer, Gabeln und Löffel.	Това са ножовете, вилиците и лъжиците. Tova sa nozhovete, vilitsite i lyzhitsite.
Hier sind die Gläser, die Teller und die Servietten.	Това са чашите, чиниите и салфетките. Tova sa chashite, chiniite i salfetkite.

20 [zwanzig]

Small Talk 1

20 [двайсет]
20 [dvayset]

Кратък разговор 1
Kratyk razgovor 1

Machen Sie es sich bequem!	Настанете се удобно! Nastanete se udobno!
Fühlen Sie sich wie zu Hause!	Чувствайте се като у дома си! Chuvstvayte se kato u doma si!
Was möchten Sie trinken?	Какво желаете за пиене? Kakvo zhelaete za piene?
Lieben Sie Musik?	Обичате ли музика? Obichate li muzika?
Ich mag klassische Musik.	Аз харесвам класическа музика. Az kharesvam klasicheska muzika.
Hier sind meine CDs.	Това са моите компактдискове. Tova sa moite kompaktdiskove.
Spielen Sie ein Instrument?	Свирите ли на нещо? Svirite li na neshcho?
Hier ist meine Gitarre.	Това е моята китара. Tova ye moyata kitara.
Singen Sie gern?	Обичате ли да пеете? Obichate li da peete?

20 [zwanzig]

Small Talk 1

20 [двайсет]
20 [dvayset]

Кратък разговор 1

Kratyk razgovor 1

Haben Sie Kinder?	Имате ли деца? Imate li detsa?
Haben Sie einen Hund?	Имате ли куче? Imate li kuche?
Haben Sie eine Katze?	Имате ли котка? Imate li kotka?
Hier sind meine Bücher.	Това са моите книги. Tova sa moite knigi.
Ich lese gerade dieses Buch.	Тъкмо чета тази книга. Tykmo cheta tazi kniga.
Was lesen Sie gern?	Какво обичате да четете? Kakvo obichate da chetete?
Gehen Sie gern ins Konzert?	Обичате ли да ходите ли на концерт? Obichate li da khodite li na kontsert?
Gehen Sie gern ins Theater?	Обичате ли да ходите ли на театър? Obichate li da khodite li na teatyr?
Gehen Sie gern in die Oper?	Обичате ли да ходите ли на опера? Obichate li da khodite li na opera?

21 [einundzwanzig]

Small Talk 2

21 [двайсет и едно]

21 [dvayset i yedno]

Кратък разговор 2

Kratyk razgovor 2

Woher kommen Sie?	Откъде сте? Otkyde ste?
Aus Basel.	От Базел. Ot Bazel.
Basel liegt in der Schweiz.	Базел се намира в Швейцария. Bazel se namira v Shveytsariya.
Darf ich Ihnen Herrn Müller vorstellen?	Може ли да Ви представя господин Мюлер? Mozhe li da Vi predstavya gospodin Myuler?
Er ist Ausländer.	Той е чужденец. Toy ye chuzhdenets.
Er spricht mehrere Sprachen.	Той говори няколко езика. Toy govori nyakolko yezika.
Sind Sie zum ersten Mal hier?	За пръв път ли сте тук? Za pryv pyt li ste tuk?
Nein, ich war schon letztes Jahr hier.	Не, миналата година бях вече тук. Ne, minalata godina byakh veche tuk.
Aber nur eine Woche lang.	Но само за една седмица. No samo za yedna sedmitsa.

21 [einundzwanzig]

Small Talk 2

21 [двайсет и едно]

21 [dvayset i yedno]

Кратък разговор 2

Kratyk razgovor 2

Wie gefällt es Ihnen bei uns?	Харесва ли Ви при нас? Kharesva li Vi pri nas?
Sehr gut. Die Leute sind nett.	Много. Хората са приятни. Mnogo. Khorata sa priyatni.
Und die Landschaft gefällt mir auch.	И местността ми харесва. I mestnostta mi kharesva.
Was sind Sie von Beruf?	Какъв / каква сте по професия? Kakyv / kakva ste po profesiya?
Ich bin Übersetzer.	Аз съм преводач / преводачка. Az sym prevodach / prevodachka.
Ich übersetze Bücher.	Аз превеждам книги. Az prevezhdam knigi.
Sind Sie allein hier?	Сам / сама ли сте тук? Sam / sama li ste tuk?
Nein, meine Frau / mein Mann ist auch hier.	Не, моята жена / моят мъжът също е тук. Ne, moyata zhena / moyat myzhyt syshcho ye tuk.
Und dort sind meine beiden Kinder.	А там са двете ми деца. A tam sa dvete mi detsa.

22
[zweiundzwanzig]

Small Talk 3

22 [двайсет и две]
22 [dvayset i dve]

Кратък разговор 3
Kratyk razgovor 3

Rauchen Sie?	Пушите ли? Pushite li?
Früher ja.	По-рано да. Po-rano da.
Aber jetzt rauche ich nicht mehr.	Но сега вече не пуша. No sega veche ne pusha.
Stört es Sie, wenn ich rauche?	Пречи ли Ви, ако аз пуша? Prechi li Vi, ako az pusha?
Nein, absolut nicht.	Не, въобще не. Ne, vyobshche ne.
Das stört mich nicht.	Това не ми пречи. Tova ne mi prechi.
Trinken Sie etwas?	Ще пиете ли нещо? Shche piete li neshcho?
Einen Cognac?	Един коняк? Edin konyak?
Nein, lieber ein Bier.	Не, предпочитам бира. Ne, predpochitam bira.

22
[zweiundzwanzig]

Small Talk 3

22 [двайсет и две]
22 [dvayset i dve]

Кратък разговор 3
Kratyk razgovor 3

Reisen Sie viel?	Пътувате ли много? Pytuvate li mnogo?
Ja, meistens sind das Geschäftsreisen.	Да, обикновено в командировка. Da, obiknoveno v komandirovka.
Aber jetzt machen wir hier Urlaub.	Но сега сме тук на почивка. No sega sme tuk na pochivka.
Was für eine Hitze!	Каква жега! Kakva zhega!
Ja, heute ist es wirklich heiß.	Да, днес наистина е горещо. Da, dnes naistina ye goreshcho.
Gehen wir auf den Balkon.	Да излезем на балкона. Da izlezem na balkona.
Morgen gibt es hier eine Party.	Утре тук ще има парти. Utre tuk shche ima parti.
Kommen Sie auch?	Ще дойдете ли и Вие? Shche doydete li i Vie?
Ja, wir sind auch eingeladen.	Да, ние също сме поканени. Da, nie syshcho sme pokaneni.

23 [dreiundzwanzig]

Fremdsprachen lernen

23 [двайсет и три]
23 [dvayset i tri]

Изучаване на чужди езици
Izuchavane na chuzhdi yezitsi

Wo haben Sie Spanisch gelernt?	Къде сте учили испански? Kyde ste uchili ispanski?
Können Sie auch Portugiesisch?	Можете ли да говорите и португалски? Mozhete li da govorite i portugalski?
Ja, und ich kann auch etwas Italienisch.	Да, говоря и малко италиански. Da, govorya i malko italianski.
Ich finde, Sie sprechen sehr gut.	Мисля, че говорите много добре. Mislya, che govorite mnogo dobre.
Die Sprachen sind ziemlich ähnlich.	Езиците са доста близки. Ezitsite sa dosta blizki.
Ich kann sie gut verstehen.	Аз мога да ги разбирам добре. Az moga da gi razbiram dobre.
Aber sprechen und schreiben ist schwer.	Но говоренето и писането са трудни. No govoreneto i pisaneto sa trudni.
Ich mache noch viele Fehler.	Все още правя много грешки. Vse oshche pravya mnogo greshki.
Bitte korrigieren Sie mich immer.	Моля, поправяйте ме винаги. Molya, popravyayte me vinagi.

23 [dreiundzwanzig]

Fremdsprachen lernen

23 [двайсет и три]
23 [dvayset i tri]

Изучаване на чужди езици
Izuchavane na chuzhdi yezitsi

Ihre Aussprache ist ganz gut.	Произношението Ви е много добро. Proiznoshenieto Vi ye mnogo dobro.
Sie haben einen kleinen Akzent.	Имате слаб акцент. Imate slab aktsent.
Man erkennt, woher Sie kommen.	Разбира се откъде сте. Razbira se otkyde ste.
Was ist Ihre Muttersprache?	Какъв е майчиният Ви език? Kakyv ye maychiniyat Vi yezik?
Machen Sie einen Sprachkurs?	Посещавате ли езиков курс? Poseshchavate li yezikov kurs?
Welches Lehrwerk benutzen Sie?	Кой учебник използвате? Koy uchebnik izpolzvate?
Ich weiß im Moment nicht, wie das heißt.	В момента не зная как се казва. V momenta ne znaya kak se kazva.
Mir fällt der Titel nicht ein.	Не се сещам за заглавието. Ne se seshcham za zaglavieto.
Ich habe das vergessen.	Забравих го. Zabravikh go.

24 [vierundzwanzig]

24 [двайсет и четири]
24 [dvayset i chetiri]

Verabredung

Уговорка
Ugovorka

Hast du den Bus verpasst?	Автобуса ли изпусна? Avtobusa li izpusna?
Ich habe eine halbe Stunde auf dich gewartet.	Аз те чаках половин час. Az te chakakh polovin chas.
Hast du kein Handy bei dir?	Нямаш ли мобилен телефон със себе си? Nyamash li mobilen telefon sys sebe si?
Sei das nächste Mal pünktlich!	Следващия път бъди точен / точна! Sledvashchiya pyt bydi tochen / tochna!
Nimm das nächste Mal ein Taxi!	Следващия път вземи такси! Sledvashchiya pyt vzemi taksi!
Nimm das nächste Mal einen Regenschirm mit!	Следващия път вземи чадър със себе си! Sledvashchiya pyt vzemi chadyr sys sebe si!
Morgen habe ich frei.	Утре съм свободен / свободна. Utre sym svoboden / svobodna.
Wollen wir uns morgen treffen?	Да се срещнем утре? Da se sreshchnem utre?
Tut mir Leid, morgen geht es bei mir nicht.	Съжалявам, утре не става. Syzhalyavam, utre ne stava.

24 [vierundzwanzig]

24 [двайсет и четири]

24 [dvayset i chetiri]

Verabredung

Уговорка

Ugovorka

Hast du dieses Wochenende schon etwas vor?	Имаш ли нещо предвид за края на седмицата? Imash li neshcho predvid za kraya na sedmitsata?
Oder bist du schon verabredet?	Или вече имаш уговорка? Ili veche imash ugovorka?
Ich schlage vor, wir treffen uns am Wochenende.	Предлагам да се срещнем в края на седмицата. Predlagam da se sreshchnem v kraya na sedmitsata.
Wollen wir Picknick machen?	Да направим пикник? Da napravim piknik?
Wollen wir an den Strand fahren?	Да отидем на плажа? Da otidem na plazha?
Wollen wir in die Berge fahren?	Да отидем в планината? Da otidem v planinata?
Ich hole dich vom Büro ab.	Ще те взема от офиса. Shche te vzema ot ofisa.
Ich hole dich von zu Hause ab.	Ще те взема от къщи. Shche te vzema ot kyshchi.
Ich hole dich an der Bushaltestelle ab.	Ще те взема от автобусната спирка. Shche te vzema ot avtobusnata spirka.

25 [fünfundzwanzig]

In der Stadt

25 [двайсет и пет]
25 [dvayset i pet]

В града
V grada

Ich möchte zum Bahnhof.	Бих искал / искала да отида на гарата. Bikh iskal / iskala da otida na garata.
Ich möchte zum Flughafen.	Бих искал / искала да отида на летището. Bikh iskal / iskala da otida na letishcheto.
Ich möchte ins Stadtzentrum.	Бих искал / искала да отида в центъра на града. Bikh iskal / iskala da otida v tsentyra na grada.
Wie komme ich zum Bahnhof?	Как да стигна до гарата? Kak da stigna do garata?
Wie komme ich zum Flughafen?	Как да стигна до летището? Kak da stigna do letishcheto?
Wie komme ich ins Stadtzentrum?	Как да стигна до центъра на града? Kak da stigna do tsentyra na grada?
Ich brauche ein Taxi.	Трябва ми такси. Tryabva mi taksi.
Ich brauche einen Stadtplan.	Трябва ми карта на града. Tryabva mi karta na grada.
Ich brauche ein Hotel.	Трябва ми хотел. Tryabva mi khotel.

25 [fünfundzwanzig]

25 [двайсет и пет]
25 [dvayset i pet]

In der Stadt

В града
V grada

Ich möchte ein Auto mieten.	Бих искал / искала да наема кола. Bikh iskal / iskala da naema kola.
Hier ist meine Kreditkarte.	Ето кредитната ми карта. Eto kreditnata mi karta.
Hier ist mein Führerschein.	Ето шофьорската ми книжка. Eto shofьorskata mi knizhka.
Was gibt es in der Stadt zu sehen?	Какво може да се види в града? Kakvo mozhe da se vidi v grada?
Gehen Sie in die Altstadt.	Идете в стария град. Idete v stariya grad.
Machen Sie eine Stadtrundfahrt.	Направете обиколка на града. Napravete obikolka na grada.
Gehen Sie zum Hafen.	Идете на пристанището. Idete na pristanishcheto.
Machen Sie eine Hafenrundfahrt.	Направете обиколка на пристанището. Napravete obikolka na pristanishcheto.
Welche Sehenswürdigkeiten gibt es außerdem noch?	Какви други забележителности има ? Kakvi drugi zabelezhitelnosti ima ?

26 [sechsundzwanzig]

26 [двайсет и шест]
26 [dvayset i shest]

In der Natur

Сред природата
Sred prirodata

Siehst du dort den Turm?	Виждаш ли кулата там? Vizhdash li kulata tam?
Siehst du dort den Berg?	Виждаш ли върха там? Vizhdash li vyrkha tam?
Siehst du dort das Dorf?	Виждаш ли селото там? Vizhdash li seloto tam?
Siehst du dort den Fluss?	Виждаш ли реката там? Vizhdash li rekata tam?
Siehst du dort die Brücke?	Виждаш ли моста там? Vizhdash li mosta tam?
Siehst du dort den See?	Виждаш ли езерото там? Vizhdash li yezeroto tam?
Der Vogel da gefällt mir.	Птичката ей там ми харесва. Ptichkata yey tam mi kharesva.
Der Baum da gefällt mir.	Дървото ей там ми харесва. Dyrvoto yey tam mi kharesva.
Der Stein hier gefällt mir.	Скалата тук ми харесва. Skalata tuk mi kharesva.

26
[sechsundzwanzig]

In der Natur

26 [двайсет и шест]
26 [dvayset i shest]

Сред природата
Sred prirodata

Der Park da gefällt mir.	Паркът ей там ми харесва. Parkyt yey tam mi kharesva.
Der Garten da gefällt mir.	Градината ей там ми харесва. Gradinata yey tam mi kharesva.
Die Blume hier gefällt mir.	Цветето тук ми харесва. Tsveteto tuk mi kharesva.
Ich finde das hübsch.	Според мен това е хубаво. Spored men tova ye khubavo.
Ich finde das interessant.	Според мен това е интересно. Spored men tova ye interesno.
Ich finde das wunderschön.	Според мен това е прекрасно. Spored men tova ye prekrasno.
Ich finde das hässlich.	Според мен това е грозно. Spored men tova ye grozno.
Ich finde das langweilig.	Според мен това е скучно. Spored men tova ye skuchno.
Ich finde das furchtbar.	Според мен това е ужасно. Spored men tova ye uzhasno.

27
[siebenundzwanzig]

Im Hotel –
Ankunft

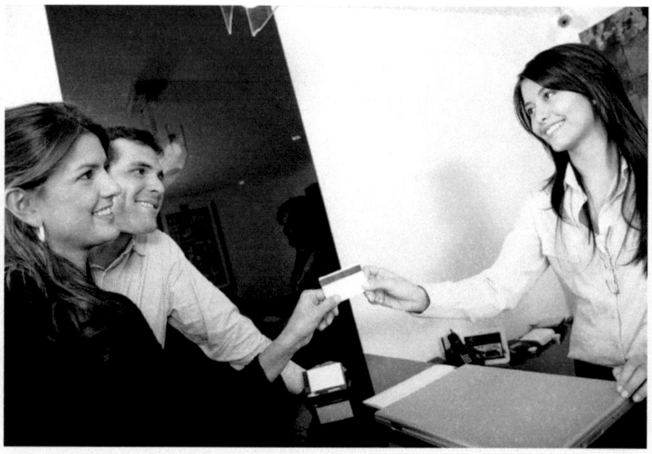

27 [двайсет и
седем]
27 [dvayset i sedem]

В хотела –
Пристигане
V khotela – Pristigane

Haben Sie ein Zimmer frei?	Имате ли свободна стая? Imate li svobodna staya?
Ich habe ein Zimmer reserviert.	Аз запазих стая. Az zapazikh staya.
Mein Name ist Müller.	Името ми е Мюлер. Imeto mi ye Myuler.
Ich brauche ein Einzelzimmer.	Трябва ми единична стая. Tryabva mi yedinichna staya.
Ich brauche ein Doppelzimmer.	Трябва ми двойна стая. Tryabva mi dvoyna staya.
Wie viel kostet das Zimmer pro Nacht?	Колко струва стаята за една нощ? Kolko struva stayata za yedna noshch?
Ich möchte ein Zimmer mit Bad.	Бих желал / желала стая с баня. Bikh zhelal / zhelala staya s banya.
Ich möchte ein Zimmer mit Dusche.	Бих желал / желала стая с душ. Bikh zhelal / zhelala staya s dush.
Kann ich das Zimmer sehen?	Може ли да видя стаята? Mozhe li da vidya stayata?

27
[siebenundzwanzig]

Im Hotel – Ankunft

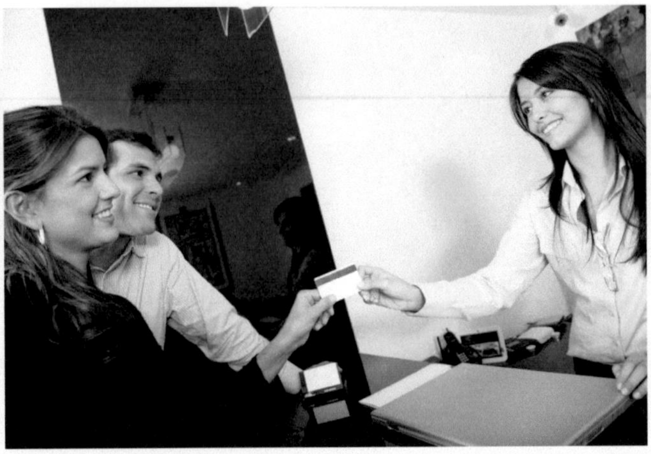

27 [двайсет и седем]
27 [dvayset i sedem]

В хотела – Пристигане
V khotela – Pristigane

Gibt es hier eine Garage?	Има ли тук гараж? Ima li tuk garazh?
Gibt es hier einen Safe?	Има ли тук сейф? Ima li tuk seyf?
Gibt es hier ein Fax?	Има ли тук факс? Ima li tuk faks?
Gut, ich nehme das Zimmer.	Добре, ще взема стаята. Dobre, shche vzema stayata.
Hier sind die Schlüssel.	Ето ключовете. Eto klyuchovete.
Hier ist mein Gepäck.	Това е багажат ми. Tova ye bagazhat mi.
Um wie viel Uhr gibt es Frühstück?	В колко часа е закуската? V kolko chasa ye zakuskata?
Um wie viel Uhr gibt es Mittagessen?	В колко часа е обядът? V kolko chasa ye obyadyt?
Um wie viel Uhr gibt es Abendessen?	В колко часа е вечерята? V kolko chasa ye vecheryata?

28 [achtundzwanzig]

28 [двайсет и осем]
28 [dvayset i osem]

Im Hotel – Beschwerden

В хотела – Оплакване
V khotela – Oplakvane

Die Dusche funktioniert nicht.	Душът не работи. Dushyt ne raboti.
Es kommt kein warmes Wasser.	Топлата вода не тече. Toplata voda ne teche.
Können Sie das reparieren lassen?	Може ли да отстраните повредата? Mozhe li da otstranite povredata?
Es gibt kein Telefon im Zimmer.	В стаята няма телефон. V stayata nyama telefon.
Es gibt keinen Fernseher im Zimmer.	В стаята няма телевизор. V stayata nyama televizor.
Das Zimmer hat keinen Balkon.	Стаята няма балкон. Stayata nyama balkon.
Das Zimmer ist zu laut.	Стаята е твърде шумна. Stayata ye tvyrde shumna.
Das Zimmer ist zu klein.	Стаята е твърде малка. Stayata ye tvyrde malka.
Das Zimmer ist zu dunkel.	Стаята е твърде тъмна. Stayata ye tvyrde tymna.

28 [achtundzwanzig]

28 [двайсет и осем]
28 [dvayset i osem]

Im Hotel – Beschwerden

В хотела – Оплакване
V khotela – Oplakvane

Die Heizung funktioniert nicht.	Парното не работи. Parnoto ne raboti.
Die Klimaanlage funktioniert nicht.	Климатикът не работи. Klimatikyt ne raboti.
Der Fernseher ist kaputt.	Телевизорът е повреден. Televizoryt ye povreden.
Das gefällt mir nicht.	Това не ми харесва. Tova ne mi kharesva.
Das ist mir zu teuer.	Твърде скъпо е за мен. Tvyrde skypo ye za men.
Haben Sie etwas Billigeres?	Имате ли нещо по-евтино? Imate li neshcho po-evtino?
Gibt es hier in der Nähe eine Jugendherberge?	Има ли тук наблизо младежка туристическа спалня? Ima li tuk nablizo mladezhka turisticheska spalnya?
Gibt es hier in der Nähe eine Pension?	Има ли тук наблизо пансион? Ima li tuk nablizo pansion?
Gibt es hier in der Nähe ein Restaurant?	Има ли тук наблизо ресторант? Ima li tuk nablizo restorant?

29 [neunundzwanzig]

29 [двайсет и девет]
29 [dvayset i devet]

Im Restaurant 1

В ресторанта 1
V restoranta 1

Ist der Tisch frei?	Масата свободна ли е? Masata svobodna li ye?
Ich möchte bitte die Speisekarte.	Бих желал / желала менюто, моля. Bikh zhelal / zhelala menyuto, molya.
Was können Sie empfehlen?	Какво ще ми препоръчате? Kakvo shche mi preporychate?
Ich hätte gern ein Bier.	Бих искал / искала една бира. Bikh iskal / iskala yedna bira.
Ich hätte gern ein Mineralwasser.	Бих искал / искала една минерална вода. Bikh iskal / iskala yedna mineralna voda.
Ich hätte gern einen Orangensaft.	Бих искал / искала един портокалов сок. Bikh iskal / iskala yedin portokalov sok.
Ich hätte gern einen Kaffee.	Бих искал / искала едно кафе. Bikh iskal / iskala yedno kafe.
Ich hätte gern einen Kaffee mit Milch.	Бих искал / искала едно кафе с мляко. Bikh iskal / iskala yedno kafe s mlyako.
Mit Zucker, bitte.	Със захар, моля. Sys zakhar, molya.

29 [neunundzwanzig]

29 [двайсет и девет]
29 [dvayset i devet]

Im Restaurant 1

В ресторанта 1
V restoranta 1

Ich möchte einen Tee.	Бих искал / искала един чай. Bikh iskal / iskala yedin chay.
Ich möchte einen Tee mit Zitrone.	Бих искал / искала чай с лимон. Bikh iskal / iskala chay s limon.
Ich möchte einen Tee mit Milch.	Бих искал / искала един чай с мляко. Bikh iskal / iskala yedin chay s mlyako.
Haben Sie Zigaretten?	Имате ли цигари? Imate li tsigari?
Haben Sie einen Aschenbecher?	Имате ли пепелник? Imate li pepelnik?
Haben Sie Feuer?	Имате ли огънче? Imate li ogynche?
Mir fehlt eine Gabel.	Нямам вилица. Nyamam vilitsa.
Mir fehlt ein Messer.	Нямам нож. Nyamam nozh.
Mir fehlt ein Löffel.	Нямам лъжица. Nyamam lyzhitsa.

30 [dreißig]

30 [трийсет]
30 [triyset]

Im Restaurant 2

В ресторанта 2
V restoranta 2

Einen Apfelsaft, bitte.
Един ябълков сок, моля.
Edin yabylkov sok, molya.

Eine Limonade, bitte.
Една лимонада, моля.
Edna limonada, molya.

Einen Tomatensaft, bitte.
Един доматен сок, моля.
Edin domaten sok, molya.

Ich hätte gern ein Glas Rotwein.
Бих искал / искала чаша червено вино.
Bikh iskal / iskala chasha cherveno vino.

Ich hätte gern ein Glas Weißwein.
Бих искал / искала чаша бяло вино.
Bikh iskal / iskala chasha byalo vino.

Ich hätte gern eine Flasche Sekt.
Бих искал / искала чаша бутилка шампанско.
Bikh iskal / iskala chasha butilka shampansko.

Magst du Fisch?
Обичаш ли риба?
Obichash li riba?

Magst du Rindfleisch?
Обичаш ли говеждо месо?
Obichash li govezhdo meso?

Magst du Schweinefleisch?
Обичаш ли свинско месо?
Obichash li svinsko meso?

30 [dreißig]

30 [трийсет]
30 [triyset]

Im Restaurant 2

В ресторанта 2
V restoranta 2

Ich möchte etwas ohne Fleisch.

Бих искал / искала нещо без месо.
Bikh iskal / iskala neshcho bez meso.

Ich möchte eine Gemüseplatte.

Бих искал / искала плато със зеленчуци.
Bikh iskal / iskala plato sys zelenchutsi.

Ich möchte etwas, was nicht lange dauert.

Бих искал / искала нещо, което се приготвя бързо.
Bikh iskal / iskala neshcho, koeto se prigotvya byrzo.

Möchten Sie das mit Reis?

Желаете ли това с ориз?
Zhelaete li tova s oriz?

Möchten Sie das mit Nudeln?

Желаете ли това с паста?
Zhelaete li tova s pasta?

Möchten Sie das mit Kartoffeln?

Желаете ли това с картофи?
Zhelaete li tova s kartofi?

Das schmeckt mir nicht.

Това не е вкусно.
Tova ne ye vkusno.

Das Essen ist kalt.

Храната е студена.
Khranata ye studena.

Das habe ich nicht bestellt.

Не съм поръчвал / поръчвала това.
Ne sym porychval / porychvala tova.

31 [einunddreißig]

Im Restaurant 3

31 [трийсет и едно]
31 [triyset i yedno]

В ресторанта 3
V restoranta 3

Ich möchte eine Vorspeise. | Бих искал / искала предястие.
Bikh iskal / iskala predyastie.

Ich möchte einen Salat. | Бих искал / искала салата.
Bikh iskal / iskala salata.

Ich möchte eine Suppe. | Бих искал / искала супа.
Bikh iskal / iskala supa.

Ich möchte einen Nachtisch. | Бих искал / искала десерт.
Bikh iskal / iskala desert.

Ich möchte ein Eis mit Sahne. | Бих искал / искала сладолед със сметана.
Bikh iskal / iskala sladoled sys smetana.

Ich möchte Obst oder Käse. | Бих искал / искала плодове или сирене.
Bikh iskal / iskala plodove ili sirene.

Wir möchten frühstücken. | Искаме да закусим.
Iskame da zakusim.

Wir möchten zu Mittag essen. | Искаме да обядваме.
Iskame da obyadvame.

Wir möchten zu Abend essen. | Искаме да вечеряме.
Iskame da vecheryame.

31 [einunddreißig]

31 [трийсет и едно]
31 [triyset i yedno]

Im Restaurant 3

В ресторанта 3
V restoranta 3

Was möchten Sie zum Frühstück?	Какво желаете за закуска? Kakvo zhelaete za zakuska?
Brötchen mit Marmelade und Honig?	Хлебчета с мармалад и мед? Khlebcheta s marmalad i med?
Toast mit Wurst und Käse?	Печени филийки със салам и сирене? Pecheni filiyki sys salam i sirene?
Ein gekochtes Ei?	Сварено яйце? Svareno yaytse?
Ein Spiegelei?	Яйце на очи? Yaytse na ochi?
Ein Omelett?	Омлет? Omlet?
Bitte noch einen Joghurt.	Моля, още едно кисело мляко. Molya, oshche yedno kiselo mlyako.
Bitte noch Salz und Pfeffer.	Моля, още сол и черен пипер. Molya, oshche sol i cheren piper.
Bitte noch ein Glas Wasser.	Моля, още една чаша вода. Molya, oshche yedna chasha voda.

32 [zweiunddreißig]

32 [трийсет и две]
32 [triyset i dve]

Im Restaurant 4

В ресторанта 4
V restoranta 4

Einmal Pommes frites mit Ketchup.	Една порция пържени картофи с кетчуп. Edna portsiya pyrzheni kartofi s ketchup.
Und zweimal mit Mayonnaise.	И две порции с майонеза. I dve portsii s mayoneza.
Und dreimal Bratwurst mit Senf.	И три порции печени наденички с горчица. I tri portsii pecheni nadenichki s gorchitsa.
Was für Gemüse haben Sie?	Какви зеленчуци имате? Kakvi zelenchutsi imate?
Haben Sie Bohnen?	Имате ли зелен боб? Imate li zelen bob?
Haben Sie Blumenkohl?	Имате ли цветно зеле? Imate li tsvetno zele?
Ich esse gern Mais.	Аз обичам царевица. Az obicham tsarevitsa.
Ich esse gern Gurken.	Аз обичам краставици. Az obicham krastavitsi.
Ich esse gern Tomaten.	Аз обичам домати. Az obicham domati.

32 [zweiunddreißig]

32 [трийсет и две]
32 [triyset i dve]

Im Restaurant 4

В ресторанта 4
V restoranta 4

Essen Sie auch gern Lauch?	И Вие ли обичате чесън? I Vie li obichate chesyn?
Essen Sie auch gern Sauerkraut?	И Вие ли обичате кисело зеле? I Vie li obichate kiselo zele?
Essen Sie auch gern Linsen?	И Вие ли обичате леща? I Vie li obichate leshcha?
Isst du auch gern Karotten?	И ти ли обичаш моркови? I ti li obichash morkovi?
Isst du auch gern Brokkoli?	И ти ли обичаш броколи? I ti li obichash brokoli?
Isst du auch gern Paprika?	И ти ли обичаш пипер? I ti li obichash piper?
Ich mag keine Zwiebeln.	Аз не обичам лук. Az ne obicham luk.
Ich mag keine Oliven.	Аз не обичам маслини. Az ne obicham maslini.
Ich mag keine Pilze.	Аз не обичам гъби. Az ne obicham gybi.

33 [dreiunddreißig]

33 [трийсет и три]
33 [triyset i tri]

Im Bahnhof

На гарата
Na garata

Wann fährt der nächste Zug nach Berlin?	Кога тръгва следващият влак за Берлин? Koga trygva sledvashchiyat vlak za Berlin?
Wann fährt der nächste Zug nach Paris?	Кога тръгва следващият влак за Париж? Koga trygva sledvashchiyat vlak za Parizh?
Wann fährt der nächste Zug nach London?	Кога тръгва следващият влак за Лондон? Koga trygva sledvashchiyat vlak za London?
Um wie viel Uhr fährt der Zug nach Warschau?	В колко часа тръгва влакът за Варшава? V kolko chasa trygva vlakyt za Varshava?
Um wie viel Uhr fährt der Zug nach Stockholm?	В колко часа тръгва влакът за Стокхолм? V kolko chasa trygva vlakyt za Stokkholm?
Um wie viel Uhr fährt der Zug nach Budapest?	В колко часа тръгва влакът за Будапеща? V kolko chasa trygva vlakyt za Budapeshcha?
Ich möchte eine Fahrkarte nach Madrid.	Бих искал / искала един билет за Мадрид. Bikh iskal / iskala yedin bilet za Madrid.
Ich möchte eine Fahrkarte nach Prag.	Бих искал / искала един билет за Прага. Bikh iskal / iskala yedin bilet za Praga.
Ich möchte eine Fahrkarte nach Bern.	Бих искал / искала един билет за Берн. Bikh iskal / iskala yedin bilet za Bern.

33 [dreiunddreißig]

Im Bahnhof

33 [трийсет и три]
33 [triyset i tri]

На гарата
Na garata

Wann kommt der Zug in Wien an?	Кога пристига влакът във Виена? Koga pristiga vlakyt vyv Viena?
Wann kommt der Zug in Moskau an?	Кога пристига влакът в Москва? Koga pristiga vlakyt v Moskva?
Wann kommt der Zug in Amsterdam an?	Кога пристига влакът в Амстердам? Koga pristiga vlakyt v Amsterdam?
Muss ich umsteigen?	Трябва ли да се прекачвам? Tryabva li da se prekachvam?
Von welchem Gleis fährt der Zug ab?	От кой коловоз тръгва влакът? Ot koy kolovoz trygva vlakyt?
Gibt es Schlafwagen im Zug?	Има ли спален вагон във влака? Ima li spalen vagon vyv vlaka?
Ich möchte nur die Hinfahrt nach Brüssel.	Бих искал / искала билет само за отиване до Брюксел. Bikh iskal / iskala bilet samo za otivane do Bryuksel.
Ich möchte eine Rückfahrkarte nach Kopenhagen.	Бих искал / искала билет само за връщане до Копенхаген. Bikh iskal / iskala bilet samo za vryshchane do Kopenkhagen.
Was kostet ein Platz im Schlafwagen?	Колко струва място в спалния вагон? Kolko struva myasto v spalniya vagon?

34 [vierunddreißig]

Im Zug

34 [трийсет и четири]
34 [triyset i chetiri]

Във влака
Vyv vlaka

Ist das der Zug nach Berlin?	Това ли е влакът за Берлин? Tova li ye vlakyt za Berlin?
Wann fährt der Zug ab?	Кога тръгва влакът? Koga trygva vlakyt?
Wann kommt der Zug in Berlin an?	Кога пристига влакът в Берлин? Koga pristiga vlakyt v Berlin?
Verzeihung, darf ich vorbei?	Извинете, може ли да мина? Izvinete, mozhe li da mina?
Ich glaube, das ist mein Platz.	Мисля, че това е моето място. Mislya, che tova ye moeto myasto.
Ich glaube, Sie sitzen auf meinem Platz.	Мисля, че седите на моето място. Mislya, che sedite na moeto myasto.
Wo ist der Schlafwagen?	Къде е спалният вагон? Kyde ye spalniyat vagon?
Der Schlafwagen ist am Ende des Zuges.	Спалният вагон е в края на влака. Spalniyat vagon ye v kraya na vlaka.
Und wo ist der Speisewagen? – Am Anfang.	А къде е вагон-ресторантът? – В началото. A kyde ye vagon-restorantyt? – V nachaloto.

34 [vierunddreißig]		34 [трийсет и четири] 34 [triyset i chetiri]
Im Zug		Във влака Vyv vlaka

Kann ich unten schlafen?	Може ли да спя долу? Mozhe li da spya dolu?
Kann ich in der Mitte schlafen?	Може ли да спя в средата? Mozhe li da spya v sredata?
Kann ich oben schlafen?	Може ли да спя горе? Mozhe li da spya gore?
Wann sind wir an der Grenze?	Кога ще стигнем границата? Koga shche stignem granitsata?
Wie lange dauert die Fahrt nach Berlin?	Колко трае пътуването до Берлин? Kolko trae pytuvaneto do Berlin?
Hat der Zug Verspätung?	Влакът има ли закъснение? Vlakyt ima li zakysnenie?
Haben Sie etwas zu lesen?	Имате ли нещо за четене? Imate li neshcho za chetene?
Kann man hier etwas zu essen und zu trinken bekommen?	Тук може ли да се купи нещо за ядене и пиене? Tuk mozhe li da se kupi neshcho za yadene i piene?
Würden Sie mich bitte um 7.00 Uhr wecken?	Бихте ли ме събудили в 7.00 часа, моля? Bikhte li me sybudili v 7.00 chasa, molya?

35 [fünfunddreißig]		35 [трийсет и пет] 35 [triyset i pet]
Am Flughafen		На летището Na letishcheto

Ich möchte einen Flug nach Athen buchen.	Бих искал / искала да резервирам полет до Атина. Bikh iskal / iskala da rezerviram polet do Atina.
Ist das ein Direktflug?	Полетът директен ли е? Poletyt direkten li ye?
Bitte einen Fensterplatz, Nichtraucher.	Моля, едно място до прозореца, непушачи. Molya, yedno myasto do prozoretsa, nepushachi.
Ich möchte meine Reservierung bestätigen.	Бих искал / искала да потвърдя резервацията си. Bikh iskal / iskala da potvyrdya rezervatsiyata si.
Ich möchte meine Reservierung stornieren.	Бих искал / искала да откажа резервацията си. Bikh iskal / iskala da otkazha rezervatsiyata si.
Ich möchte meine Reservierung umbuchen.	Бих искал / искала да променя резервацията си. Bikh iskal / iskala da promenya rezervatsiyata si.
Wann geht die nächste Maschine nach Rom?	Кога излита следващият самолет за Рим? Koga izlita sledvashchiyat samolet za Rim?
Sind noch zwei Plätze frei?	Има ли още две свободни места? Ima li oshche dve svobodni mesta?
Nein, wir haben nur noch einen Platz frei.	Не, имаме само едно място свободно още. Ne, imame samo yedno myasto svobodno oshche.

35 [fünfunddreißig]

35 [трийсет и пет]
35 [triyset i pet]

Am Flughafen

На летището
Na letishcheto

Wann landen wir?	Кога ще кацнем? Koga shche katsnem?
Wann sind wir da?	Кога ще сме там? Koga shche sme tam?
Wann fährt ein Bus ins Stadtzentrum?	Кога има автобус за центъра на града? Koga ima avtobus za tsentyra na grada?
Ist das Ihr Koffer?	Това Вашият куфар ли е? Tova Vashiyat kufar li ye?
Ist das Ihre Tasche?	Това Вашата чанта ли е? Tova Vashata chanta li ye?
Ist das Ihr Gepäck?	Това Вашият багаж ли е? Tova Vashiyat bagazh li ye?
Wie viel Gepäck kann ich mitnehmen?	Колко багаж мога да взема? Kolko bagazh moga da vzema?
Zwanzig Kilo.	Двайсет килограма. Dvayset kilograma.
Was, nur zwanzig Kilo?	Какво, само двайсет килограма? Kakvo, samo dvayset kilograma?

36
[sechsunddreißig]

Öffentlicher Nahverkehr

36 [трийсет и шест]
36 [triyset i shest]

Градски транспорт
Gradski transport

Wo ist die Bushaltestelle?	Къде е автобусната спирка? Kyde ye avtobusnata spirka?
Welcher Bus fährt ins Zentrum?	Кой автобус отива в центъра? Koy avtobus otiva v tsentyra?
Welche Linie muss ich nehmen?	Кой автобус трябва да взема? Koy avtobus tryabva da vzema?
Muss ich umsteigen?	Трябва ли да се прекачвам? Tryabva li da se prekachvam?
Wo muss ich umsteigen?	Къде трябва да се прекачвам? Kyde tryabva da se prekachvam?
Was kostet ein Fahrschein?	Колко струва един билет? Kolko struva yedin bilet?
Wie viele Haltestellen sind es bis zum Zentrum?	Колко спирки има до центъра? Kolko spirki ima do tsentyra?
Sie müssen hier aussteigen.	Трябва да слезете тук. Tryabva da slezete tuk.
Sie müssen hinten aussteigen.	Трябва да слезете отзад. Tryabva da slezete otzad.

36 [sechsunddreißig]

Öffentlicher Nahverkehr

36 [трийсет и шест]

36 [triyset i shest]

Градски транспорт

Gradski transport

Die nächste U-Bahn kommt in 5 Minuten.	Следващият влак на метрото пристига след 5 минути. Sledvashchiyat vlak na metroto pristiga sled 5 minuti.
Die nächste Straßenbahn kommt in 10 Minuten.	Следващият трамвай пристига след 10 минути. Sledvashchiyat tramvay pristiga sled 10 minuti.
Der nächste Bus kommt in 15 Minuten.	Следващият автобус пристига след 15 минути. Sledvashchiyat avtobus pristiga sled 15 minuti.
Wann fährt die letzte U-Bahn?	Кога е последният влак на метрото? Koga ye posledniyat vlak na metroto?
Wann fährt die letzte Straßenbahn?	Кога е последният трамвай? Koga ye posledniyat tramvay?
Wann fährt der letzte Bus?	Кога е последният автобус? Koga ye posledniyat avtobus?
Haben Sie einen Fahrschein?	Имате ли билет? Imate li bilet?
Einen Fahrschein? – Nein, ich habe keinen.	Билет? – Не, нямам. Bilet? – Ne, nyamam.
Dann müssen Sie eine Strafe zahlen.	Тогава трябва да платите глоба. Togava tryabva da platite globa.

37
[siebenunddreißig]

37 [трийсет и седем]
37 [triyset i sedem]

Unterwegs

На път
Na pyt

Er fährt mit dem Motorrad.	Той пътува с мотор. Toy pytuva s motor.
Er fährt mit dem Fahrrad.	Тъй пътува с велосипед / колело. Tyy pytuva s velosiped / kolelo.
Er geht zu Fuß.	Той върви пеш. Toy vyrvi pesh.
Er fährt mit dem Schiff.	Той пътува с кораб. Toy pytuva s korab.
Er fährt mit dem Boot.	Той пътува с лодка. Toy pytuva s lodka.
Er schwimmt.	Той плува. Toy pluva.
Ist es hier gefährlich?	Опасно ли е тук? Opasno li ye tuk?
Ist es gefährlich, allein zu trampen?	Опасно ли е да се пътува сам на автостоп? Opasno li ye da se pytuva sam na avtostop?
Ist es gefährlich, nachts spazieren zu gehen?	Опасно ли е да се разхождаш нощем сам? Opasno li ye da se razkhozhdash noshchem sam?

37 [siebenunddreißig]

37 [трийсет и седем]

37 [triyset i sedem]

Unterwegs

На път

Na pyt

Wir haben uns verfahren.	Ние объркахме пътя. Nie obyrkakhme pytya.
Wir sind auf dem falschen Weg.	Ние сме на погрешен път. Nie sme na pogreshen pyt.
Wir müssen umkehren.	Ние трябва да се върнем. Nie tryabva da se vyrnem.
Wo kann man hier parken?	Къде може да се паркира тук? Kyde mozhe da se parkira tuk?
Gibt es hier einen Parkplatz?	Тук има ли паркинг? Tuk ima li parking?
Wie lange kann man hier parken?	Колко време може да се паркира тук? Kolko vreme mozhe da se parkira tuk?
Fahren Sie Ski?	Карате ли ски? Karate li ski?
Fahren Sie mit dem Skilift nach oben?	Със ски лифта ли ще се качите? Sys ski lifta li shche se kachite?
Kann man hier Ski leihen?	Може ли да се заемат тук ски? Mozhe li da se zaemat tuk ski?

38 [achtunddreißig]

38 [трийсет и осем]
38 [triyset i osem]

Im Taxi

В таксито
V taksito

Rufen Sie bitte ein Taxi.	Моля, извикайте такси. Molya, izvikayte taksi.
Was kostet es bis zum Bahnhof?	Колко струва до гарата? Kolko struva do garata?
Was kostet es bis zum Flughafen?	Колко струва до летището? Kolko struva do letishcheto?
Bitte geradeaus.	Моля, направо. Molya, napravo.
Bitte hier nach rechts.	Моля, тук надясно. Molya, tuk nadyasno.
Bitte dort an der Ecke nach links.	Моля, там на ъгъла наляво. Molya, tam na ygyla nalyavo.
Ich habe es eilig.	Бързам. Byrzam.
Ich habe Zeit.	Имам време. Imam vreme.
Fahren Sie bitte langsamer.	Карайте по-бавно, моля. Karayte po-bavno, molya.

38 [achtunddreißig]

38 [трийсет и осем]
38 [triyset i osem]

Im Taxi

В таксито
V taksito

Halten Sie hier bitte.	Спрете тук, моля. Sprete tuk, molya.
Warten Sie bitte einen Moment.	Изчакайте един момент, моля. Izchakayte yedin moment, molya.
Ich bin gleich zurück.	Веднага се връщам. Vednaga se vryshcham.
Bitte geben Sie mir eine Quittung.	Моля, дайте ми квитанция. Molya, dayte mi kvitantsiya.
Ich habe kein Kleingeld.	Нямам дребни пари. Nyamam drebni pari.
Es stimmt so, der Rest ist für Sie.	Така е добре, рестото е за Вас. Taka ye dobre, restoto ye za Vas.
Fahren Sie mich zu dieser Adresse.	Закарайте ме на този адрес. Zakarayte me na tozi adres.
Fahren Sie mich zu meinem Hotel.	Закарайте ме до моя хотел. Zakarayte me do moya khotel.
Fahren Sie mich zum Strand.	Закарайте ме на плажа. Zakarayte me na plazha.

39 [neununddreißig]

39 [трийсет и девет]
39 [triyset i devet]

Autopanne

Автомобилна авария
Avtomobilna avariya

Wo ist die nächste Tankstelle?	Къде е най-близката бензиностанция? Kyde ye nay-blizkata benzinostantsiya?
Ich habe einen Platten.	Имам спукана гума. Imam spukana guma.
Können Sie das Rad wechseln?	Можете ли да смените колелото? Mozhete li da smenite koleloto?
Ich brauche ein paar Liter Diesel.	Трябват ми няколко литра дизел. Tryabvat mi nyakolko litra dizel.
Ich habe kein Benzin mehr.	Нямам повече бензин. Nyamam poveche benzin.
Haben Sie einen Reservekanister?	Имате ли резервна туба? Imate li rezervna tuba?
Wo kann ich telefonieren?	Къде мога да се обадя по телефон? Kyde moga da se obadya po telefon?
Ich brauche einen Abschleppdienst.	Трябва ми „Пътна помощ”. Tryabva mi „Pytna pomoshch”.
Ich suche eine Werkstatt.	Търся работилница. Tyrsya rabotilnitsa.

39 [neununddreißig]

Autopanne

39 [трийсет и девет]
39 [triyset i devet]

Автомобилна авария
Avtomobilna avariya

Es ist ein Unfall passiert.	Случи се злополука. Sluchi se zlopoluka.
Wo ist das nächste Telefon?	Къде е най-близкият телефон? Kyde ye nay-blizkiyat telefon?
Haben Sie ein Handy bei sich?	Имате ли мобилен телефон със себе си? Imate li mobilen telefon sys sebe si?
Wir brauchen Hilfe.	Трябва ни помощ. Tryabva ni pomoshch.
Rufen Sie einen Arzt!	Извикайте лекар! Izvikayte lekar!
Rufen Sie die Polizei!	Извикайте полиция! Izvikayte politsiya!
Ihre Papiere, bitte.	Документите Ви, моля. Dokumentite Vi, molya.
Ihren Führerschein, bitte.	Шофьорската Ви книжка, моля. Shofьorskata Vi knizhka, molya.
Ihren Kfz-Schein, bitte.	Документите на автомобила, моля. Dokumentite na avtomobila, molya.

40 [vierzig]

Nach dem Weg fragen

40 [четирийсет]
40 [chetiriyset]

Осведомяване за пътя
Osvedomyavane za pytya

Entschuldigen Sie!	Извинете! Izvinete!
Können Sie mir helfen?	Можете ли да ми помогнете? Mozhete li da mi pomognete?
Wo gibt es hier ein gutes Restaurant?	Къде има тук добър ресторант? Kyde ima tuk dobyr restorant?
Gehen Sie links um die Ecke.	Завийте наляво зад ъгъла. Zaviyte nalyavo zad ygyla.
Gehen Sie dann ein Stück geradeaus.	Вървете след това направо. Vyrvete sled tova napravo.
Gehen Sie dann hundert Meter nach rechts.	После продължете сто метра надясно. Posle prodylzhete sto metra nadyasno.
Sie können auch den Bus nehmen.	Можете да вземете и автобус. Mozhete da vzemete i avtobus.
Sie können auch die Straßenbahn nehmen.	Можете да вземете и трамвай. Mozhete da vzemete i tramvay.
Sie können auch einfach hinter mir herfahren.	Можете и да карате след мен. Mozhete i da karate sled men.

40 [vierzig]

Nach dem Weg fragen

40 [четирийсет]
40 [chetiriyset]

Осведомяване за пътя

Osvedomyavane za pytya

Wie komme ich zum Fußballstadion?
Как да стигна до футболния стадион?
Kak da stigna do futbolniya stadion?

Überqueren Sie die Brücke!
Пресечете моста!
Presechete mosta!

Fahren Sie durch den Tunnel!
Карайте през тунела!
Karayte prez tunela!

Fahren Sie bis zur dritten Ampel.
Карайте до третия светофар.
Karayte do tretiya svetofar.

Biegen Sie dann die erste Straße rechts ab.
След това завийте по първата улица надясно.
Sled tova zaviyte po pyrvata ulitsa nadyasno.

Fahren Sie dann geradeaus über die nächste Kreuzung.
После карайте направо през следващото кръстовище.
Posle karayte napravo prez sledvashchoto krystovishche.

Entschuldigung, wie komme ich zum Flughafen?
Извинете, как да стигна до летището?
Izvinete, kak da stigna do letishcheto?

Am besten nehmen Sie die U-Bahn.
Най-добре вземете метрото.
Nay-dobre vzemete metroto.

Fahren Sie einfach bis zur Endstation.
Пътувайте просто до последната спирка.
Pytuvayte prosto do poslednata spirka.

41 [einundvierzig]

41 [четирийсет и едно]
41 [chetiriyset i yedno]

Orientierung

Ориентиране
Orientirane

Wo ist das Fremdenverkehrsamt?	Къде е туристическото бюро? Kyde ye turisticheskoto byuro?
Haben Sie einen Stadtplan für mich?	Имате ли карта на града? Imate li karta na grada?
Kann man hier ein Hotelzimmer reservieren?	Може ли да се резервира тук хотелска стая? Mozhe li da se rezervira tuk khotelska staya?
Wo ist die Altstadt?	Къде е старият град? Kyde ye stariyat grad?
Wo ist der Dom?	Къде е катедралата? Kyde ye katedralata?
Wo ist das Museum?	Къде е музеят? Kyde ye muzeyat?
Wo gibt es Briefmarken zu kaufen?	Къде може да се купят пощенски марки? Kyde mozhe da se kupyat poshchenski marki?
Wo gibt es Blumen zu kaufen?	Къде може да се купят цветя? Kyde mozhe da se kupyat tsvetya?
Wo gibt es Fahrkarten zu kaufen?	Къде може да се купят билети? Kyde mozhe da se kupyat bileti?

41 [einundvierzig]

41 [четирийсет и едно]
41 [chetiriyset i yedno]

Orientierung

Ориентиране
Orientirane

Wo ist der Hafen?	Къде е пристанището? Kyde ye pristanishcheto?
Wo ist der Markt?	Къде е пазарът? Kyde ye pazaryt?
Wo ist das Schloss?	Къде е замъкът? Kyde ye zamykyt?
Wann beginnt die Führung?	Кога започва туристическата обиколка? Koga zapochva turisticheskata obikolka?
Wann endet die Führung?	Кога свършва туристическата обиколка? Koga svyrshva turisticheskata obikolka?
Wie lange dauert die Führung?	Колко време трае туристическата обиколка? Kolko vreme trae turisticheskata obikolka?
Ich möchte einen Führer, der Deutsch spricht.	Бих искал / искала екскурзовод, който говори немски. Bikh iskal / iskala yekskurzovod, koyto govori nemski.
Ich möchte einen Führer, der Italienisch spricht.	Бих искал / искала екскурзовод, който говори италиански. Bikh iskal / iskala yekskurzovod, koyto govori italianski.
Ich möchte einen Führer, der Französisch spricht.	Бих искал / искала екскурзовод, който говори френски. Bikh iskal / iskala yekskurzovod, koyto govori frenski.

42 [zweiundvierzig]

Stadtbesichtigung

42 [четирийсет и две]
42 [chetiriyset i dve]

Разглеждане на града
Razglezhdane na grada

Ist der Markt sonntags geöffnet?	Пазарът отворен ли е в неделя? Pazaryt otvoren li ye v nedelya?
Ist die Messe montags geöffnet?	Панаирът отворен ли е в понеделник? Panairyt otvoren li ye v ponedelnik?
Ist die Ausstellung dienstags geöffnet?	Изложбата отворена ли е във вторник? Izlozhbata otvorena li ye vyv vtornik?
Hat der Zoo mittwochs geöffnet?	Зоопаркът отворен ли е в сряда? Zooparkyt otvoren li ye v sryada?
Hat das Museum donnerstags geöffnet?	Музеят отворен ли е в четвъртък? Muzeyat otvoren li ye v chetvyrtyk?
Hat die Galerie freitags geöffnet?	Галерията отворена ли е в петък? Galeriyata otvorena li ye v petyk?
Darf man fotografieren?	Може ли да се снима? Mozhe li da se snima?
Muss man Eintritt bezahlen?	Трябва ли да се плаща вход? Tryabva li da se plashcha vkhod?
Wie viel kostet der Eintritt?	Колко струва входът? Kolko struva vkhodyt?

42 [zweiundvierzig]

Stadtbesichtigung

42 [четирийсет и две]
42 [chetiriyset i dve]

Разглеждане на града
Razglezhdane na grada

Gibt es eine Ermäßigung für Gruppen?	Има ли намаление за групи? Ima li namalenie za grupi?
Gibt es eine Ermäßigung für Kinder?	Има ли намаление за деца? Ima li namalenie za detsa?
Gibt es eine Ermäßigung für Studenten?	Има ли намаление за студенти? Ima li namalenie za studenti?
Was für ein Gebäude ist das?	Каква е тази сграда? Kakva ye tazi sgrada?
Wie alt ist das Gebäude?	Колко стара е сградата? Kolko stara ye sgradata?
Wer hat das Gebäude gebaut?	Кой е построил сградата? Koy ye postroil sgradata?
Ich interessiere mich für Architektur.	Аз се интересувам от архитектура. Az se interesuvam ot arkhitektura.
Ich interessiere mich für Kunst.	Аз се интересувам от изкуство. Az se interesuvam ot izkustvo.
Ich interessiere mich für Malerei.	Аз се интересувам от живопис. Az se interesuvam ot zhivopis.

43 [dreiundvierzig]

43 [четирийсет и три]
43 [chetiriyset i tri]

Im Zoo

В зоопарка
V zooparka

Dort ist der Zoo.	Там е зоопаркът. Tam ye zooparkyt.
Dort sind die Giraffen.	Там са жирафите. Tam sa zhirafite.
Wo sind die Bären?	Къде са мечките? Kyde sa mechkite?
Wo sind die Elefanten?	Къде са слоновете? Kyde sa slonovete?
Wo sind die Schlangen?	Къде са змиите? Kyde sa zmiite?
Wo sind die Löwen?	Къде са лъвовете? Kyde sa lyvovete?
Ich habe einen Fotoapparat.	Аз имам фотоапарат. Az imam fotoaparat.
Ich habe auch eine Filmkamera.	Имам и камера. Imam i kamera.
Wo ist eine Batterie?	Къде има батерия? Kyde ima bateriya?

43 [dreiundvierzig]

Im Zoo

43 [четирийсет и три]
43 [chetiriyset i tri]

В зоопарка
V zooparka

Wo sind die Pinguine?	Къде са пингвините? Kyde sa pingvinite?
Wo sind die Kängurus?	Къде са кенгурутата? Kyde sa kengurutata?
Wo sind die Nashörner?	Къде са носорозите? Kyde sa nosorozite?
Wo ist eine Toilette?	Къде има тоалетна? Kyde ima toaletna?
Dort ist ein Café.	Там има кафене. Tam ima kafene.
Dort ist ein Restaurant.	Там има ресторант. Tam ima restorant.
Wo sind die Kamele?	Къде са камилите? Kyde sa kamilite?
Wo sind die Gorillas und die Zebras?	Къде са горилите и зебрите? Kyde sa gorilite i zebrite?
Wo sind die Tiger und die Krokodile?	Къде са тигрите и крокодилите? Kyde sa tigrite i krokodilite?

44 [vierundvierzig]

Abends ausgehen

44 [четирийсет и четири]
44 [chetiriyset i chetiri]

Вечерна разходка
Vecherna razkhodka

Gibt es hier eine Diskothek?	Има ли тук дискотека? Ima li tuk diskoteka?
Gibt es hier einen Nachtclub?	Има ли тук нощен клуб? Ima li tuk noshchen klub?
Gibt es hier eine Kneipe?	Има ли тук кръчма? Ima li tuk krychma?
Was gibt es heute Abend im Theater?	Какво се играе тази вечер в театъра? Kakvo se igrae tazi vecher v teatyra?
Was gibt es heute Abend im Kino?	Какъв филм дават тази вечер в киното? Kakyv film davat tazi vecher v kinoto?
Was gibt es heute Abend im Fernsehen?	Какво има тази вечер по телевизията? Kakvo ima tazi vecher po televiziyata?
Gibt es noch Karten fürs Theater?	Има ли още билети за театъра? Ima li oshche bileti za teatyra?
Gibt es noch Karten fürs Kino?	Има ли още билети за киното? Ima li oshche bileti za kinoto?
Gibt es noch Karten für das Fußballspiel?	Има ли още билети за футболния мач? Ima li oshche bileti za futbolniya mach?

44 [vierundvierzig]

Abends ausgehen

44 [четирийсет и четири]

44 [chetiriyset i chetiri]

Вечерна разходка

Vecherna razkhodka

Ich möchte ganz hinten sitzen.	Бих искал / искала да седя най-отзад. Bikh iskal / iskala da sedya nay-otzad.
Ich möchte irgendwo in der Mitte sitzen.	Бих искал / искала да седя някъде в средата. Bikh iskal / iskala da sedya nyakyde v sredata.
Ich möchte ganz vorn sitzen.	Бих искал / искала да седя най-отпред. Bikh iskal / iskala da sedya nay-otpred.
Können Sie mir etwas empfehlen?	Можете ли да ми препоръчате нещо? Mozhete li da mi preporychate neshcho?
Wann beginnt die Vorstellung?	Кога започва представлението? Koga zapochva predstavlenieto?
Können Sie mir eine Karte besorgen?	Можете ли да ми вземете билет? Mozhete li da mi vzemete bilet?
Ist hier in der Nähe ein Golfplatz?	Има ли тук наблизо голф-игрище? Ima li tuk nablizo golf-igrishche?
Ist hier in der Nähe ein Tennisplatz?	Има ли тук наблизо игрище за тенис? Ima li tuk nablizo igrishche za tenis?
Ist hier in der Nähe ein Hallenbad?	Има ли тук наблизо закрит басейн? Ima li tuk nablizo zakrit baseyn?

45 [fünfundvierzig]

45 [четирийсет и пет]
45 [chetiriyset i pet]

Im Kino

В киното
V kinoto

Wir wollen ins Kino.	Ние искаме да отидем на кино. Nie iskame da otidem na kino.
Heute läuft ein guter Film.	Днес дават хубав филм. Dnes davat khubav film.
Der Film ist ganz neu.	Филмът е съвсем нов. Filmyt ye syvsem nov.
Wo ist die Kasse?	Къде е касата? Kyde ye kasata?
Gibt es noch freie Plätze?	Има ли още свободни места? Ima li oshche svobodni mesta?
Was kosten die Eintrittskarten?	Колко струват билетите? Kolko struvat biletite?
Wann beginnt die Vorstellung?	Кога започва представлението? Koga zapochva predstavlenieto?
Wie lange dauert der Film?	Колко време продължава филмът? Kolko vreme prodylzhava filmyt?
Kann man Karten reservieren?	Може ли да се запазват билети? Mozhe li da se zapazvat bileti?

45 [fünfundvierzig]

45 [четирийсет и пет]

45 [chetiriyset i pet]

Im Kino

В киното

V kinoto

Ich möchte hinten sitzen.	Бих искал / искала да седя отзад. Bikh iskal / iskala da sedya otzad.
Ich möchte vorn sitzen.	Бих искал / искала да седя отпред. Bikh iskal / iskala da sedya otpred.
Ich möchte in der Mitte sitzen.	Бих искал / искала да седя в средата. Bikh iskal / iskala da sedya v sredata.
Der Film war spannend.	Филмът беше напрегнат / вълнуващ. Filmyt beshe napregnat / vylnuvashch.
Der Film war nicht langweilig.	Филмът не беше скучен. Filmyt ne beshe skuchen.
Aber das Buch zum Film war besser.	Но книгата към филма беше по-добра. No knigata kym filma beshe po-dobra.
Wie war die Musik?	Как беше музиката? Kak beshe muzikata?
Wie waren die Schauspieler?	Как бяха артистите? Kak byakha artistite?
Gab es Untertitel in englischer Sprache?	Имаше ли субтитри на английски език? Imashe li subtitri na angliyski yezik?

46 [sechsundvierzig]

46 [четирийсет и шест]
46 [chetiriyset i shest]

In der Diskothek

В дискотеката
V diskotekata

Ist der Platz hier frei?	Мястото свободно ли е? Myastoto svobodno li ye?
Darf ich mich zu Ihnen setzen?	Може ли да седна при Вас? Mozhe li da sedna pri Vas?
Gern.	С удоволствие. S udovolstvie.
Wie finden Sie die Musik?	Как намирате музиката? Kak namirate muzikata?
Ein bisschen zu laut.	Малко силна. Malko silna.
Aber die Band spielt ganz gut.	Но групата свири много добре. No grupata sviri mnogo dobre.
Sind Sie öfter hier?	Често ли идвате тук? Chesto li idvate tuk?
Nein, das ist das erste Mal.	Не, за първи път. Ne, za pyrvi pyt.
Ich war noch nie hier.	Никога не съм бил / била тук. Nikoga ne sym bil / bila tuk.

46 [sechsundvierzig]

46 [четирийсет и шест]
46 [chetiriyset i shest]

In der Diskothek

В дискотеката
V diskotekata

Tanzen Sie?	Танцувате ли? Tantsuvate li?
Später vielleicht.	По-късно може би. Po-kysno mozhe bi.
Ich kann nicht so gut tanzen.	Аз не мога да танцувам добре. Az ne moga da tantsuvam dobre.
Das ist ganz einfach.	Съвсем просто е. Syvsem prosto ye.
Ich zeige es Ihnen.	Ще Ви покажа. Shche Vi pokazha.
Nein, lieber ein anderes Mal.	Не, по-добре някой друг път. Ne, po-dobre nyakoy drug pyt.
Warten Sie auf jemand?	Чакате ли някого? Chakate li nyakogo?
Ja, auf meinen Freund.	Да, моя приятел. Da, moya priyatel.
Da hinten kommt er ja!	Ето го идва. Eto go idva.

47
[siebenundvierzig]

Reisevorbereitungen

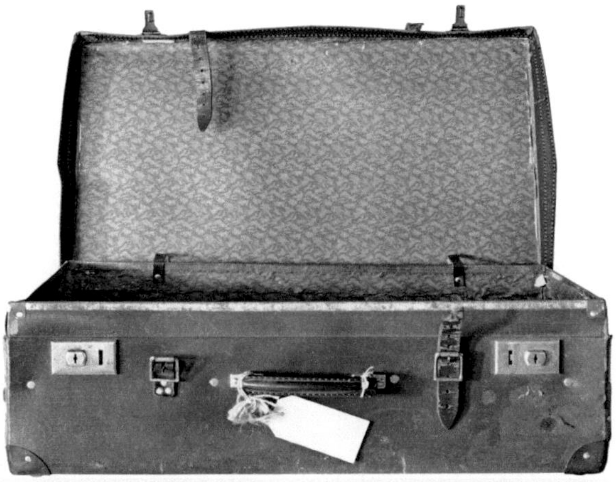

47 [четирийсет и седем]
47 [chetiriyset i sedem]

Подготовка за пътуване
Podgotovka za pytuvane

Du musst unseren Koffer packen!	Трябва да стегнеш багажа! Tryabva da stegnesh bagazha!
Du darfst nichts vergessen!	Внимавай да не забравиш нещо! Vnimavay da ne zabravish neshcho!
Du brauchst einen großen Koffer!	Трябва ти голям куфар! Tryabva ti golyam kufar!
Vergiss nicht den Reisepass!	Не забравяй паспорта! Ne zabravyay pasporta!
Vergiss nicht das Flugticket!	Не забравяй самолетния билет! Ne zabravyay samoletniya bilet!
Vergiss nicht die Reiseschecks!	Не забравяй пътническите чекове! Ne zabravyay pytnicheskite chekove!
Nimm Sonnencreme mit.	Вземи крем против слънце. Vzemi krem protiv slyntse.
Nimm die Sonnenbrille mit.	Вземи слънчевите очила. Vzemi slynchevite ochila.
Nimm den Sonnenhut mit.	Вземи слънчевата шапка. Vzemi slynchevata shapka.

47
[siebenundvierzig]

Reisevorbereitungen

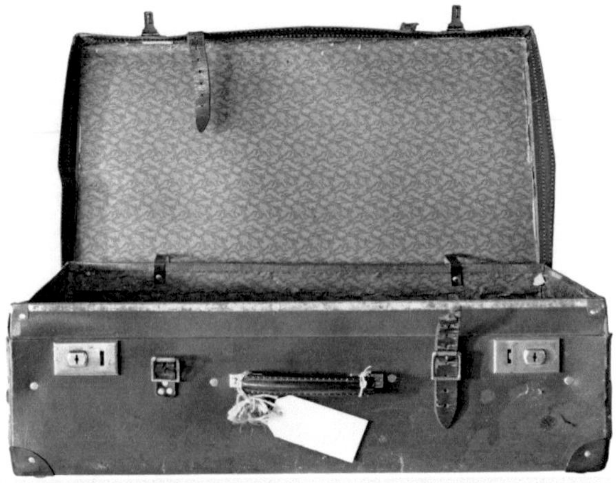

47 [четирийсет и седем]
47 [chetiriyset i sedem]

Подготовка за пътуване
Podgotovka za pytuvane

Willst du eine Straßenkarte mitnehmen? — Искаш ли да вземеш пътна карта?
Iskash li da vzemesh pytna karta?

Willst du einen Reiseführer mitnehmen? — Искаш ли да вземеш пътеводител?
Iskash li da vzemesh pytevoditel?

Willst du einen Regenschirm mitnehmen? — Искаш ли да вземеш чадър?
Iskash li da vzemesh chadyr?

Denk an die Hosen, die Hemden, die Socken. — Не забравяй панталоните, ризите, чорапите.
Ne zabravyay pantalonite, rizite, chorapite.

Denk an die Krawatten, die Gürtel, die Sakkos. — Не забравяй вратовръзките, коланите, саката.
Ne zabravyay vratovryzkite, kolanite, sakata.

Denk an die Schlafanzüge, die Nachthemden und die T-Shirts. — Не забравяй пижамите, нощниците и тениските.
Ne zabravyay pizhamite, noshchnitsite i teniskite.

Du brauchst Schuhe, Sandalen und Stiefel. — Трябват ти обувки, сандали и ботуши.
Tryabvat ti obuvki, sandali i botushi.

Du brauchst Taschentücher, Seife und eine Nagelschere. — Трябват ти носни кърпички, сапун и ножичка.
Tryabvat ti nosni kyrpichki, sapun i nozhichka.

Du brauchst einen Kamm, eine Zahnbürste und Zahnpasta. — Трябват ти гребен, четка за зъби и паста за зъби.
Tryabvat ti greben, chetka za zybi i pasta za zybi.

48 [achtundvierzig]

48 [четирийсет и осем]
48 [chetiriyset i osem]

Urlaubsaktivitäte
n

Занимания през отпуската
Zanimaniya prez otpuskata

Ist der Strand sauber?	Плажът чист ли е? Plazhyt chist li ye?
Kann man dort baden?	Може ли да се къпем там? Mozhe li da se kypem tam?
Ist es nicht gefährlich, dort zu baden?	Къпането там не е ли опасно? Kypaneto tam ne ye li opasno?
Kann man hier einen Sonnenschirm leihen?	Може ли да се заеме плажен чадър? Mozhe li da se zaeme plazhen chadyr?
Kann man hier einen Liegestuhl leihen?	Може ли да се заеме шезлонг? Mozhe li da se zaeme shezlong?
Kann man hier ein Boot leihen?	Може ли да се заеме лодка? Mozhe li da se zaeme lodka?
Ich würde gern surfen.	Бих искал / искала да карам сърф. Bikh iskal / iskala da karam syrf.
Ich würde gern tauchen.	Бих искал / искала да се гмуркам. Bikh iskal / iskala da se gmurkam.
Ich würde gern Wasserski fahren.	Бих искал / искала да карам водни ски. Bikh iskal / iskala da karam vodni ski.

48 [achtundvierzig]

48 [четирийсет и осем]

48 [chetiriyset i osem]

Urlaubsaktivitäten

Занимания през отпуската

Zanimaniya prez otpuskata

Kann man ein Surfbrett mieten?	Може ли да се наеме сърф? Mozhe li da se naeme syrf?
Kann man eine Taucherausrüstung mieten?	Може ли да се наеме екипировка за гмуркане? Mozhe li da se naeme yekipirovka za gmurkane?
Kann man Wasserskier mieten?	Може ли да се наемат водни ски? Mozhe li da se naemat vodni ski?
Ich bin erst Anfänger.	Аз съм начинаещ / начинаеща. Az sym nachinaeshch / nachinaeshcha.
Ich bin mittelgut.	Средно добър / добра съм. Sredno dobyr / dobra sym.
Ich kenne mich damit schon aus.	Това ми е познато вече. Tova mi ye poznato veche.
Wo ist der Skilift?	Къде е ски лифтът? Kyde ye ski liftyt?
Hast du denn Skier dabei?	Имаш ли ски? Imash li ski?
Hast du denn Skischuhe dabei?	Имаш ли ски обувки? Imash li ski obuvki?

49 [neunundvierzig]

49 [четирийсет и девет]
49 [chetiriyset i devet]

Sport

Спорт
Sport

Treibst du Sport?	Занимаваш ли се със спорт? Zanimavash li se sys sport?
Ja, ich muss mich bewegen.	Да, аз трябва да се движа. Da, az tryabva da se dvizha.
Ich gehe in einen Sportverein.	Ходя в един спортен клуб. Khodya v yedin sporten klub.
Wir spielen Fußball.	Ние играем футбол. Nie igraem futbol.
Manchmal schwimmen wir.	Понякога плуваме. Ponyakoga pluvame.
Oder wir fahren Rad.	Или караме велосипед / колело. Ili karame velosiped / kolelo.
In unserer Stadt gibt es ein Fußballstadion.	В нашия град има футболен стадион. V nashiya grad ima futbolen stadion.
Es gibt auch ein Schwimmbad mit Sauna.	Има също басейн със сауна. Ima syshcho baseyn sys sauna.
Und es gibt einen Golfplatz.	Има и голф игрище. Ima i golf igrishche.

49 [neunundvierzig]

Sport

49 [четирийсет и девет]
49 [chetiriyset i devet]

Спорт
Sport

Was gibt es im Fernsehen?	Какво има по телевизията? Kakvo ima po televiziyata?
Gerade gibt es ein Fußballspiel.	Тъкмо дават футболен мач. Tykmo davat futbolen mach.
Die deutsche Mannschaft spielt gegen die englische.	Немският отбор играе срещу английския. Nemskiyat otbor igrae sreshchu angliyskiya.
Wer gewinnt?	Кой печели? Koy pecheli?
Ich habe keine Ahnung.	Нямам представа. Nyamam predstava.
Im Moment steht es unentschieden.	В момента резултатът е равен. V momenta rezultatyt ye raven.
Der Schiedsrichter kommt aus Belgien.	Съдията е от Белгия. Sydiyata ye ot Belgiya.
Jetzt gibt es einen Elfmeter.	Сега бият дузпа. Sega biyat duzpa.
Tor! Eins zu null!	Гол! Един на нула! Gol! Yedin na nula!

50 [fünfzig]

50 [петдесет]
50 [petdeset]

Im Schwimmbad

В басейна
V baseyna

Heute ist es heiß.	Днес е горещо. Dnes ye goreshcho.
Gehen wir ins Schwimmbad?	Да отидем на басейн? Da otidem na baseyn?
Hast du Lust, schwimmen zu gehen?	Искаш ли да отидем да плуваме? Iskash li da otidem da pluvame?
Hast du ein Handtuch?	Имаш ли хавлия? Imash li khavliya?
Hast du eine Badehose?	Имаш ли бански гащета? Imash li banski gashcheta?
Hast du einen Badeanzug?	Имаш ли бански костюм? Imash li banski kostyum?
Kannst du schwimmen?	Можеш ли да плуваш? Mozhesh li da pluvash?
Kannst du tauchen?	Можеш ли да се гмуркаш? Mozhesh li da se gmurkash?
Kannst du ins Wasser springen?	Можеш ли да скачаш във водата? Mozhesh li da skachash vyv vodata?

50 [fünfzig]

50 [петдесет]
50 [petdeset]

Im Schwimmbad

В басейна
V baseyna

Wo ist die Dusche?	Къде е душът? Kyde ye dushyt?
Wo ist die Umkleidekabine?	Къде е съблекалнята? Kyde ye syblekalnyata?
Wo ist die Schwimmbrille?	Къде са очилата за плуване? Kyde sa ochilata za pluvane?
Ist das Wasser tief?	Водата дълбока ли е? Vodata dylboka li ye?
Ist das Wasser sauber?	Водата чиста ли е? Vodata chista li ye?
Ist das Wasser warm?	Водата топла ли е? Vodata topla li ye?
Ich friere.	Студено ми е. Studeno mi ye.
Das Wasser ist zu kalt.	Водата е доста студена. Vodata ye dosta studena.
Ich gehe jetzt aus dem Wasser.	Сега излизам от водата. Sega izlizam ot vodata.

51 [einundfünfzig]

51 [петдесет и едно]
51 [petdeset i yedno]

Besorgungen machen

Покупки
Pokupki

Ich will in die Bibliothek.	Искам да отида в библиотеката. Iskam da otida v bibliotekata.
Ich will in die Buchhandlung.	Искам да отида в книжарницата. Iskam da otida v knizharnitsata.
Ich will zum Kiosk.	Искам да отида до вестникарския павилион. Iskam da otida do vestnikarskiya pavilion.
Ich will ein Buch leihen.	Искам да заема една книга. Iskam da zaema yedna kniga.
Ich will ein Buch kaufen.	Искам да купя една книга. Iskam da kupya yedna kniga.
Ich will eine Zeitung kaufen.	Искам да купя един вестник. Iskam da kupya yedin vestnik.
Ich will in die Bibliothek, um ein Buch zu leihen.	Искам да отида в библиотеката, за да заема една книга. Iskam da otida v bibliotekata, za da zaema yedna kniga.
Ich will in die Buchhandlung, um ein Buch zu kaufen.	Искам да отида в книжарницата, за да купя една книга. Iskam da otida v knizharnitsata, za da kupya yedna kniga.
Ich will zum Kiosk, um eine Zeitung zu kaufen.	Искам да отида до павилиона, за да купя един вестник. Iskam da otida do paviliona, za da kupya yedin vestnik.

51 [einundfünfzig]

51 [петдесет и едно]
51 [petdeset i yedno]

Besorgungen machen

Покупки
Pokupki

Ich will zum Optiker.	Искам да отида в оптичния магазин. Iskam da otida v optichniya magazin.
Ich will zum Supermarkt.	Искам да отида в супермаркета. Iskam da otida v supermarketa.
Ich will zum Bäcker.	Искам да отида до хлебарницата. Iskam da otida do khlebarnitsata.
Ich will eine Brille kaufen.	Искам да купя очила. Iskam da kupya ochila.
Ich will Obst und Gemüse kaufen.	Искам да купя плодове и зеленчуци. Iskam da kupya plodove i zelenchutsi.
Ich will Brötchen und Brot kaufen.	Искам да купя хлебчета и хляб. Iskam da kupya khlebcheta i khlyab.
Ich will zum Optiker, um eine Brille zu kaufen.	Искам да отида в оптичния магазин, за да купя очила. Iskam da otida v optichniya magazin, za da kupya ochila.
Ich will zum Supermarkt, um Obst und Gemüse zu kaufen.	Искам да отида в супермаркета, за да купя плодове и зеленчуци. Iskam da otida v supermarketa, za da kupya plodove i zelenchutsi.
Ich will zum Bäcker, um Brötchen und Brot zu kaufen.	Искам да отида до хлебарницата, за да купя хлебчета и хляб. Iskam da otida do khlebarnitsata, za da kupya khlebcheta i khlyab.

52 [zweiundfünfzig]

52 [петдесет и две]
52 [petdeset i dve]

Im Kaufhaus

В магазина
V magazina

Gehen wir in ein Kaufhaus?	Ще отидем ли в магазина? Shche otidem li v magazina?
Ich muss Einkäufe machen.	Трябва да направя няколко покупки. Tryabva da napravya nyakolko pokupki.
Ich will viel einkaufen.	Искам да напазарувам много неща. Iskam da napazaruvam mnogo neshcha.
Wo sind die Büroartikel?	Къде са канцеларските изделия? Kyde sa kantselarskite izdeliya?
Ich brauche Briefumschläge und Briefpapier.	Трябват ми пликове и хартия за писма. Tryabvat mi plikove i khartiya za pisma.
Ich brauche Kulis und Filzstifte.	Трябват ми химикалки и маркери. Tryabvat mi khimikalki i markeri.
Wo sind die Möbel?	Къде са мебелите? Kyde sa mebelite?
Ich brauche einen Schrank und eine Kommode.	Трябват ми шкаф и скрин. Tryabvat mi shkaf i skrin.
Ich brauche einen Schreibtisch und ein Regal.	Трябват ми бюро и етажерка. Tryabvat mi byuro i yetazherka.

52 [zweiundfünfzig]

52 [петдесет и две]
52 [petdeset i dve]

Im Kaufhaus

В магазина
V magazina

Wo sind die Spielsachen?	Къде са играчките? Kyde sa igrachkite?
Ich brauche eine Puppe und einen Teddybär.	Трябват ми кукла и плюшено мече. Tryabvat mi kukla i plyusheno meche.
Ich brauche einen Fußball und ein Schachspiel.	Трябват ми футболна топка и шах. Tryabvat mi futbolna topka i shakh.
Wo ist das Werkzeug?	Къде са инструментите? Kyde sa instrumentite?
Ich brauche einen Hammer und eine Zange.	Трябват ми от чук и клещи. Tryabvat mi ot chuk i kleshchi.
Ich brauche einen Bohrer und einen Schraubenzieher.	Трябват ми дрелка и отвертка. Tryabvat mi drelka i otvertka.
Wo ist der Schmuck?	Къде са бижутата? Kyde sa bizhutata?
Ich brauche eine Kette und ein Armband.	Трябват ми гердан и гривна. Tryabvat mi gerdan i grivna.
Ich brauche einen Ring und Ohrringe.	Трябват ми пръстен и обеци. Tryabvat mi prysten i obetsi.

53 [dreiundfünfzig]

53 [петдесет и три]
53 [petdeset i tri]

Geschäfte

Магазини
Magazini

Wir suchen ein Sportgeschäft.	Ние търсим спортен магазин. Nie tyrsim sporten magazin.
Wir suchen eine Fleischerei.	Ние търсим месарница. Nie tyrsim mesarnitsa.
Wir suchen eine Apotheke.	Ние търсим аптека. Nie tyrsim apteka.
Wir möchten nämlich einen Fußball kaufen.	Искамеда купим футболна топка. Iskameda kupim futbolna topka.
Wir möchten nämlich Salami kaufen.	Искаме да купим салам. Iskame da kupim salam.
Wir möchten nämlich Medikamente kaufen.	Искаме да купим лекарства. Iskame da kupim lekarstva.
Wir suchen ein Sportgeschäft, um einen Fußball zu kaufen.	Ние търсим спортен магазин, за да купим футболна топка. Nie tyrsim sporten magazin, za da kupim futbolna topka.
Wir suchen eine Fleischerei, um Salami zu kaufen.	Ние търсим месарница, за да купим салам. Nie tyrsim mesarnitsa, za da kupim salam.
Wir suchen eine Apotheke, um Medikamente zu kaufen.	Ние търсим аптека, за да купим лекарства. Nie tyrsim apteka, za da kupim lekarstva.

53 [dreiundfünfzig]

53 [петдесет и три]
53 [petdeset i tri]

Geschäfte

Магазини
Magazini

Ich suche einen Juwelier.	Аз търся бижутер. Az tyrsya bizhuter.
Ich suche ein Fotogeschäft.	Аз търся фотомагазин. Az tyrsya fotomagazin.
Ich suche eine Konditorei.	Аз търся сладкарница. Az tyrsya sladkarnitsa.
Ich habe nämlich vor, einen Ring zu kaufen.	Всъщност искам да купя пръстен. Vsyshchnost iskam da kupya prysten.
Ich habe nämlich vor, einen Film zu kaufen.	Всъщност искам да купя лента. Vsyshchnost iskam da kupya lenta.
Ich habe nämlich vor, eine Torte zu kaufen.	Всъщност искам да купя торта. Vsyshchnost iskam da kupya torta.
Ich suche einen Juwelier, um einen Ring zu kaufen.	Аз търся бижутер, за да купя пръстен. Az tyrsya bizhuter, za da kupya prysten.
Ich suche ein Fotogeschäft, um einen Film zu kaufen.	Аз търся фотомагазин, за да купя лента. Az tyrsya fotomagazin, za da kupya lenta.
Ich suche eine Konditorei, um eine Torte zu kaufen.	Аз търся сладкарница, за да купя торта. Az tyrsya sladkarnitsa, za da kupya torta.

54 [vierundfünfzig]

Einkaufen

54 [петдесет и четири]
54 [petdeset i chetiri]

Пазаруване
Pazaruvane

Ich möchte ein Geschenk kaufen.	Бих искал / искала да купя подарък. Bikh iskal / iskala da kupya podaryk.
Aber nichts allzu Teueres.	Но не нещо прекалено скъпо. No ne neshcho prekaleno skypo.
Vielleicht eine Handtasche?	Може би дамска чанта? Mozhe bi damska chanta?
Welche Farbe möchten Sie?	Какъв цвят желаете? Kakyv tsvyat zhelaete?
Schwarz, braun oder weiß?	Черен, кафяв или бял? Cheren, kafyav ili byal?
Eine große oder eine kleine?	Голяма или малка? Golyama ili malka?
Darf ich diese mal sehen?	Може ли да видя тази? Mozhe li da vidya tazi?
Ist die aus Leder?	От кожа ли е? Ot kozha li ye?
Oder ist die aus Kunststoff?	Или от изкуствена материя? Ili ot izkustvena materiya?

54 [vierundfünfzig]

54 [петдесет и четири]

54 [petdeset i chetiri]

Einkaufen

Пазаруване

Pazaruvane

Aus Leder natürlich.	От кожа естествено. Ot kozha yestestveno.
Das ist eine besonders gute Qualität.	Това е особено добро качество. Tova ye osobeno dobro kachestvo.
Und die Handtasche ist wirklich sehr preiswert.	Чантата действително е на много изгодна цена. Chantata deystvitelno ye na mnogo izgodna tsena.
Die gefällt mir.	Харесва ми. Kharesva mi.
Die nehme ich.	Ще я взема. Shche ya vzema.
Kann ich die eventuell umtauschen?	Може ли евентуално да я подменя? Mozhe li yeventualno da ya podmenya?
Selbstverständlich.	Разбира се. Razbira se.
Wir packen sie als Geschenk ein.	Ние ще я опаковаме като подарък. Nie shche ya opakovame kato podaryk.
Dort drüben ist die Kasse.	Касата е там отсреща. Kasata ye tam otsreshcha.

55 [fünfundfünfzig]

55 [петдесет и пет]
55 [petdeset i pet]

Arbeiten

Работа
Rabota

Was machen Sie beruflich?	Какъв / каква сте по професия? Kakyv / kakva ste po profesiya?
Mein Mann ist Arzt von Beruf.	Мъжът ми е лекар по професия. Myzhyt mi ye lekar po profesiya.
Ich arbeite halbtags als Krankenschwester.	Аз работя на половин ден като медицинска сестра. Az rabotya na polovin den kato meditsinska sestra.
Bald bekommen wir Rente.	Скоро ще получаваме пенсия. Skoro shche poluchavame pensiya.
Aber die Steuern sind hoch.	А данъците са високи. A danytsite sa visoki.
Und die Krankenversicherung ist hoch.	И здравната осигуровка е висока. I zdravnata osigurovka ye visoka.
Was willst du einmal werden?	Какъв / каква искаш да станеш? Kakyv / kakva iskash da stanesh?
Ich möchte Ingenieur werden.	Бих искал / искала да стана инженер. Bikh iskal / iskala da stana inzhener.
Ich will an der Universität studieren.	Искам да следвам в университета. Iskam da sledvam v universiteta.

55 [fünfundfünfzig]

55 [петдесет и пет]
55 [petdeset i pet]

Arbeiten

Работа
Rabota

Ich bin Praktikant.	Аз съм практикант. Az sym praktikant.
Ich verdiene nicht viel.	Аз не печеля много. Az ne pechelya mnogo.
Ich mache ein Praktikum im Ausland.	Аз съм на практика в чужбина. Az sym na praktika v chuzhbina.
Das ist mein Chef.	Това е моят шеф. Tova ye moyat shef.
Ich habe nette Kollegen.	Аз имам приятни колеги. Az imam priyatni kolegi.
Mittags gehen wir immer in die Kantine.	На обяд винаги ходим в стола. Na obyad vinagi khodim v stola.
Ich suche eine Stelle.	Аз си търся работно място. Az si tyrsya rabotno myasto.
Ich bin schon ein Jahr arbeitslos.	Вече една година съм безработен. Veche yedna godina sym bezraboten.
In diesem Land gibt es zu viele Arbeitslose.	В тази страна има много безработни. V tazi strana ima mnogo bezrabotni.

56
[sechsundfünfzig]

56 [петдесет и шест]
56 [petdeset i shest]

Gefühle

Чувства
Chuvstva

Lust haben	имам желание / настроение imam zhelanie / nastroenie
Wir haben Lust.	Ние имаме желание / настроение. Nie imame zhelanie / nastroenie.
Wir haben keine Lust.	Ние нямаме желание / настроение. Nie nyamame zhelanie / nastroenie.
Angst haben	страхувам се strakhuvam se
Ich habe Angst.	Аз се страхувам. Az se strakhuvam.
Ich habe keine Angst.	Аз не се страхувам. Az ne se strakhuvam.
Zeit haben	имам време imam vreme
Er hat Zeit.	Той има време. Toy ima vreme.
Er hat keine Zeit.	Той няма време. Toy nyama vreme.

56
[sechsundfünfzig]

56 [петдесет и шест]
56 [petdeset i shest]

Gefühle

Чувства
Chuvstva

Langeweile haben	скучая skuchaya
Sie hat Langeweile.	Тя скучае. Tya skuchae.
Sie hat keine Langeweile.	Тя не скучае. Tya ne skuchae.
Hunger haben	гладен / гладна съм gladen / gladna sym
Habt ihr Hunger?	Гладни ли сте? Gladni li ste?
Habt ihr keinen Hunger?	Не сте ли гладни? Ne ste li gladni?
Durst haben	жаден / жадна съм zhaden / zhadna sym
Sie haben Durst.	Те са жадни. Te sa zhadni.
Sie haben keinen Durst.	Те не са жадни. Te ne sa zhadni.

57
[siebenundfünfzig]

57 [петдесет и седем]
57 [petdeset i sedem]

Beim Arzt

При лекаря
Pri lekarya

Ich habe einen Termin beim Arzt.	Аз имам час при лекаря. Az imam chas pri lekarya.
Ich habe den Termin um zehn Uhr.	Имам час за 10. Imam chas za 10.
Wie ist Ihr Name?	Как се казвате? Kak se kazvate?
Bitte nehmen Sie im Wartezimmer Platz.	Моля, седнете в чакалнята. Molya, sednete v chakalnyata.
Der Arzt kommt gleich.	Лекарят ще дойде веднага. Lekaryat shche doyde vednaga.
Wo sind Sie versichert?	Къде сте застрахован / застрахована? Kyde ste zastrakhovan / zastrakhovana?
Was kann ich für Sie tun?	Какво мога да направя за Вас? Kakvo moga da napravya za Vas?
Haben Sie Schmerzen?	Имате ли болки? Imate li bolki?
Wo tut es weh?	Къде Ви боли? Kyde Vi boli?

57
[siebenundfünfzig]

57 [петдесет и седем]
57 [petdeset i sedem]

Beim Arzt

При лекаря
Pri lekarya

Ich habe immer Rückenschmerzen.	Постоянно ме боли гърбът. Postoyanno me boli gyrbyt.
Ich habe oft Kopfschmerzen.	Често имам главоболие. Chesto imam glavobolie.
Ich habe manchmal Bauchschmerzen.	Понякога ме боли коремът. Ponyakoga me boli koremyt.
Machen Sie bitte den Oberkörper frei!	Съблечете се до кръста, моля! Syblechete se do krysta, molya!
Legen Sie sich bitte auf die Liege!	Легнете на кушетката, моля! Legnete na kushetkata, molya!
Der Blutdruck ist in Ordnung.	Кръвното налягане е нормално. Kryvnoto nalyagane ye normalno.
Ich gebe Ihnen eine Spritze.	Ще Ви направя инжекция. Shche Vi napravya inzhektsiya.
Ich gebe Ihnen Tabletten.	Ще Ви дам таблетки. Shche Vi dam tabletki.
Ich gebe Ihnen ein Rezept für die Apotheke.	Ще Ви напиша рецепта. Shche Vi napisha retsepta.

58 [achtundfünfzig]

Körperteile

58 [петдесет и осем]
58 [petdeset i osem]

Частите на тялото
Chastite na tyaloto

Ich zeichne einen Mann.	Аз рисувам човек. Az risuvam chovek.
Zuerst den Kopf.	Първо главата. Pyrvo glavata.
Der Mann trägt einen Hut.	Човекът носи шапка. Chovekyt nosi shapka.
Die Haare sieht man nicht.	Косата му не се вижда. Kosata mu ne se vizhda.
Die Ohren sieht man auch nicht.	И ушите му не се виждат. I ushite mu ne se vizhdat.
Den Rücken sieht man auch nicht.	Гърбът му също не се вижда. Gyrbyt mu syshcho ne se vizhda.
Ich zeichne die Augen und den Mund.	Рисувам очите и устата. Risuvam ochite i ustata.
Der Mann tanzt und lacht.	Човекът танцува и се смее. Chovekyt tantsuva i se smee.
Der Mann hat eine lange Nase.	Човекът има дълъг нос. Chovekyt ima dylyg nos.

58 [achtundfünfzig]

58 [петдесет и осем]
58 [petdeset i osem]

Körperteile

Частите на тялото
Chastite na tyaloto

Er trägt einen Stock in den Händen.	Той носи пръчка в ръцете си. Toy nosi prychka v rytsete si.
Er trägt auch einen Schal um den Hals.	Носи и шал около врата си. Nosi i shal okolo vrata si.
Es ist Winter und es ist kalt.	Зима е и е студено. Zima ye i ye studeno.
Die Arme sind kräftig.	Ръцете му са силни. Rytsete mu sa silni.
Die Beine sind auch kräftig.	И краката му са силни. I krakata mu sa silni.
Der Mann ist aus Schnee.	Човекът е от сняг. Chovekyt ye ot snyag.
Er trägt keine Hose und keinen Mantel.	Той не носи панталон и палто. Toy ne nosi pantalon i palto.
Aber der Mann friert nicht.	Но не му е студено. No ne mu ye studeno.
Er ist ein Schneemann.	Той е снежен човек. Toy ye snezhen chovek.

59 [neunundfünfzig]

Im Postamt

59 [петдесет и девет]
59 [petdeset i devet]

В пощата
V poshchata

Wo ist das nächste Postamt?
Къде е най-близката пощенска служба?
Kyde ye nay-blizkata poshchenska sluzhba?

Ist es weit bis zum nächsten Postamt?
Далеч ли е до най-близката пощенска служба?
Dalech li ye do nay-blizkata poshchenska sluzhba?

Wo ist der nächste Briefkasten?
Къде е най-близката пощенска кутия?
Kyde ye nay-blizkata poshchenska kutiya?

Ich brauche ein paar Briefmarken.
Трябват ми няколко пощенски марки.
Tryabvat mi nyakolko poshchenski marki.

Für eine Karte und einen Brief.
За една картичка и едно писмо.
Za yedna kartichka i yedno pismo.

Wie teuer ist das Porto nach Amerika?
Колко е пощенската такса до Америка?
Kolko ye poshchenskata taksa do Amerika?

Wie schwer ist das Paket?
Колко тежи колетът?
Kolko tezhi koletyt?

Kann ich es per Luftpost schicken?
Мога ли да го изпратя с въздушна поща?
Moga li da go izpratya s vyzdushna poshcha?

Wie lange dauert es, bis es ankommt?
За колко време ще пристигне?
Za kolko vreme shche pristigne?

59 [neunundfünfzig]

Im Postamt

59 [петдесет и девет]
59 [petdeset i devet]

В пощата
V poshchata

Wo kann ich telefonieren?	Къде мога да се обадя по телефон? Kyde moga da se obadya po telefon?
Wo ist die nächste Telefonzelle?	Къде е най-близката телефонна кабина? Kyde ye nay-blizkata telefonna kabina?
Haben Sie Telefonkarten?	Имате ли фонокарти? Imate li fonokarti?
Haben Sie ein Telefonbuch?	Имате ли телефонен указател? Imate li telefonen ukazatel?
Kennen Sie die Vorwahl von Österreich?	Знаете ли телефонния код на Австрия? Znaete li telefonniya kod na Avstriya?
Einen Augenblick, ich schau mal nach.	Момент, ще проверя. Moment, shche proverya.
Die Leitung ist immer besetzt.	Телефонната линия постоянно е заета. Telefonnata liniya postoyanno ye zaeta.
Welche Nummer haben Sie gewählt?	Кой номер избрахте? Koy nomer izbrakhte?
Sie müssen zuerst die Null wählen!	Първо трябва да изберете нула! Pyrvo tryabva da izberete nula!

60 [sechzig]

60 [шейсет]
60 [sheyset]

In der Bank

В банката
V bankata

Ich möchte ein Konto eröffnen.	Бих искал / искала да си отворя сметка. Bikh iskal / iskala da si otvorya smetka.
Hier ist mein Pass.	Ето паспорта ми. Eto pasporta mi.
Und hier ist meine Adresse.	Това е адресът ми. Tova ye adresyt mi.
Ich möchte Geld auf mein Konto einzahlen.	Бих искал / искала да внеса пари по сметката си. Bikh iskal / iskala da vnesa pari po smetkata si.
Ich möchte Geld von meinem Konto abheben.	Бих искал / искала да изтегля пари от сметката си. Bikh iskal / iskala da izteglya pari ot smetkata si.
Ich möchte die Kontoauszüge abholen.	Бих искал / искала да взема извлеченията от сметката. Bikh iskal / iskala da vzema izvlecheniyata ot smetkata.
Ich möchte einen Reisescheck einlösen.	Бих искал / искала да осребря един пътнически чек. Bikh iskal / iskala da osrebrya yedin pytnicheski chek.
Wie hoch sind die Gebühren?	Какви са таксите? Kakvi sa taksite?
Wo muss ich unterschreiben?	Къде да се подпиша? Kyde da se podpisha?

60 [sechzig]

60 [шейсет]
60 [sheyset]

In der Bank

В банката
V bankata

Ich erwarte eine Überweisung aus Deutschland.	Очаквам превод от Германия. Ochakvam prevod ot Germaniya.
Hier ist meine Kontonummer.	Това е номера на метката ми. Tova ye nomera na metkata mi.
Ist das Geld angekommen?	Парите пристигнаха ли? Parite pristignakha li?
Ich möchte dieses Geld wechseln.	Бих искал / искала да обменя тези пари. Bikh iskal / iskala da obmenya tezi pari.
Ich brauche US-Dollar.	Трябват ми щатски долари. Tryabvat mi shchatski dolari.
Bitte geben Sie mir kleine Scheine.	Моля, дайте ми дребни банкноти. Molya, dayte mi drebni banknoti.
Gibt es hier einen Geldautomat?	Тук има ли банкомат? Tuk ima li bankomat?
Wie viel Geld kann man abheben?	Каква сума може да се тегли? Kakva suma mozhe da se tegli?
Welche Kreditkarten kann man benutzen?	Коя кредитна карта може да се използва? Koya kreditna karta mozhe da se izpolzva?

61 [einundsechzig]

61 [шейсет и едно]
61 [sheyset i yedno]

Ordinalzahlen

Числителни редни
Chislitelni redni

Der erste Monat ist der Januar.	Първият месец е януари. Pyrviyat mesets ye yanuari.
Der zweite Monat ist der Februar.	Вторият месец е февруари. Vtoriyat mesets ye fevruari.
Der dritte Monat ist der März.	Третият месец е март. Tretiyat mesets ye mart.
Der vierte Monat ist der April.	Четвъртият месец е април. Chetvyrtiyat mesets ye april.
Der fünfte Monat ist der Mai.	Петият месец е май. Petiyat mesets ye may.
Der sechste Monat ist der Juni.	Шестият месец е юни. Shestiyat mesets ye yuni.
Sechs Monate sind ein halbes Jahr.	Шест месеца са половин година. Shest mesetsa sa polovin godina.
Januar, Februar, März,	януари, февруари, март, yanuari, fevruari, mart,
April, Mai und Juni.	април, май и юни. april, may i yuni.

61 [einundsechzig]

61 [шейсет и едно]
61 [sheyset i yedno]

Ordinalzahlen

Числители редни
Chislitelni redni

Der siebte Monat ist der Juli.
Седмият месец е юли.
Sedmiyat mesets ye yuli.

Der achte Monat ist der August.
Осмият месец е август.
Osmiyat mesets ye avgust.

Der neunte Monat ist der September.
Деветият месец е септември.
Devetiyat mesets ye septemvri.

Der zehnte Monat ist der Oktober.
Десетият месец е октомври.
Desetiyat mesets ye oktomvri.

Der elfte Monat ist der November.
Единайсетият месец е ноември.
Edinaysetiyat mesets ye noemvri.

Der zwölfte Monat ist der Dezember.
Дванайсетият месец е декември.
Dvanaysetiyat mesets ye dekemvri.

Zwölf Monate sind ein Jahr.
Дванайсет месеца са една година.
Dvanayset mesetsa sa yedna godina.

Juli, August, September,
юли, август, септември,
yuli, avgust, septemvri,

Oktober, November und Dezember.
октомври, ноември и декември.
oktomvri, noemvri i dekemvri.

62 [zweiundsechzig]

Fragen stellen 1

62 [шейсет и две]
62 [sheyset i dve]

Задаване на въпроси 1
Zadavane na vyprosi 1

lernen	уча ucha
Lernen die Schüler viel?	Учениците учат ли много? Uchenitsite uchat li mnogo?
Nein, sie lernen wenig.	Не, те учат малко. Ne, te uchat malko.
fragen	питам pitam
Fragen Sie oft den Lehrer?	Често ли питате учителя? Chesto li pitate uchitelya?
Nein, ich frage ihn nicht oft.	Не, аз не го питам често. Ne, az ne go pitam chesto.
antworten	отговарям otgovaryam
Antworten Sie, bitte.	Отговорете, моля. Otgovorete, molya.
Ich antworte.	Аз отговарям. Az otgovaryam.

62 [zweiundsechzig]

62 [шейсет и две]
62 [sheyset i dve]

Fragen stellen 1

Задаване на въпроси 1
Zadavane na vyprosi 1

arbeiten	работя rabotya
Arbeitet er gerade?	Той работи ли сега? Toy raboti li sega?
Ja, er arbeitet gerade.	Да, той работи сега. Da, toy raboti sega.
kommen	идвам idvam
Kommen Sie?	Идвате ли? Idvate li?
Ja, wir kommen gleich.	Да, веднага идваме. Da, vednaga idvame.
wohnen	живея zhiveya
Wohnen Sie in Berlin?	В Берлин ли живеете? V Berlin li zhiveete?
Ja, ich wohne in Berlin.	Да, аз живея в Берлин. Da, az zhiveya v Berlin.

63 [dreiundsechzig]

Fragen stellen 2

63 [шейсет и три]
63 [sheyset i tri]

Задаване на въпроси 2
Zadavane na vyprosi 2

Ich habe ein Hobby. — Аз имам хоби.
Az imam khobi.

Ich spiele Tennis. — Аз играя тенис.
Az igraya tenis.

Wo ist ein Tennisplatz? — Къде има игрище за тенис?
Kyde ima igrishche za tenis?

Hast du ein Hobby? — Ти имаш ли хоби?
Ti imash li khobi?

Ich spiele Fußball. — Аз играя футбол.
Az igraya futbol.

Wo ist ein Fußballplatz? — Къде има футболно игрище?
Kyde ima futbolno igrishche?

Mein Arm tut weh. — Ръката ме боли.
Rykata me boli.

Mein Fuß und meine Hand tun auch weh. — Ходилото и китката също ме болят.
Khodiloto i kitkata syshcho me bolyat.

Wo ist ein Doktor? — Къде има лекар?
Kyde ima lekar?

63 [dreiundsechzig]

Fragen stellen 2

63 [шейсет и три]
63 [sheyset i tri]

Задаване на въпроси 2
Zadavane na vyprosi 2

Ich habe ein Auto.	Аз имам кола. Az imam kola.
Ich habe auch ein Motorrad.	Имам и мотор. Imam i motor.
Wo ist ein Parkplatz?	Къде има паркинг? Kyde ima parking?
Ich habe einen Pullover.	Аз имам пуловер. Az imam pulover.
Ich habe auch eine Jacke und eine Jeans.	Имам също яке и дънки. Imam syshcho yake i dynki.
Wo ist die Waschmaschine?	Къде има пералня? Kyde ima peralnya?
Ich habe einen Teller.	Аз имам чиния. Az imam chiniya.
Ich habe ein Messer, eine Gabel und einen Löffel.	Имам нож, вилица и лъжица. Imam nozh, vilitsa i lyzhitsa.
Wo sind Salz und Pfeffer?	Къде има сол и черен пипер? Kyde ima sol i cheren piper?

64 [vierundsechzig]

64 [шейсет и четири]
64 [sheyset i chetiri]

Verneinung 1

Отрицание 1
Otritsanie 1

Ich verstehe das Wort nicht.	Аз не разбирам думата. Az ne razbiram dumata.
Ich verstehe den Satz nicht.	Аз не разбирам изречението. Az ne razbiram izrechenieto.
Ich verstehe die Bedeutung nicht.	Аз не разбирам значението. Az ne razbiram znachenieto.
der Lehrer	Учител Uchitel
Verstehen Sie den Lehrer?	Разбирате ли учителя? Razbirate li uchitelya?
Ja, ich verstehe ihn gut.	Да, аз го разбирам добре. Da, az go razbiram dobre.
die Lehrerin	Учителка Uchitelka
Verstehen Sie die Lehrerin?	Разбирате ли учителката? Razbirate li uchitelkata?
Ja, ich verstehe sie gut.	Да, аз я разбирам добре. Da, az ya razbiram dobre.

64 [vierundsechzig]

64 [шейсет и четири]
64 [sheyset i chetiri]

Verneinung 1

Отрицание 1
Otritsanie 1

die Leute	Хора Khora
Verstehen Sie die Leute?	Разбирате ли хората? Razbirate li khorata?
Nein, ich verstehe sie nicht so gut.	Не, не ги разбирам съвсем добре. Ne, ne gi razbiram syvsem dobre.
die Freundin	Приятелка Priyatelka
Haben Sie eine Freundin?	Имате ли приятелка? Imate li priyatelka?
Ja, ich habe eine.	Да, имам. Da, imam.
die Tochter	Дъщеря Dyshcherya
Haben Sie eine Tochter?	Имате ли дъщеря? Imate li dyshcherya?
Nein, ich habe keine.	Не, нямам. Ne, nyamam.

65 [fünfundsechzig]

65 [шейсет и пет]

65 [sheyset i pet]

Verneinung 2

Отрицание 2

Otritsanie 2

Ist der Ring teuer?

Скъп ли е пръстенът?
Skyp li ye prystenyt?

Nein, er kostet nur hundert Euro.

Не, той струва само сто евро.
Ne, toy struva samo sto yevro.

Aber ich habe nur fünfzig.

Но аз има само петдесет.
No az ima samo petdeset.

Bist du schon fertig?

Готов / готова ли си вече?
Gotov / gotova li si veche?

Nein, noch nicht.

Не, още не.
Ne, oshche ne.

Aber gleich bin ich fertig.

Но ей сега съм готов / готова.
No yey sega sym gotov / gotova.

Möchtest du noch Suppe?

Искаш ли още супа?
Iskash li oshche supa?

Nein, ich will keine mehr.

Не, не искам повече.
Ne, ne iskam poveche.

Aber noch ein Eis.

Но искам още един сладолед.
No iskam oshche yedin sladoled.

65 [fünfundsechzig]

65 [шейсет и пет]
65 [sheyset i pet]

Verneinung 2

Отрицание 2
Otritsanie 2

Wohnst du schon lange hier?	Отдавна ли живееш тук? Otdavna li zhiveesh tuk?
Nein, erst einen Monat.	Не, едва от един месец. Ne, yedva ot yedin mesets.
Aber ich kenne schon viele Leute.	Но вече познавам много хора. No veche poznavam mnogo khora.
Fährst du morgen nach Hause?	Ще пътуваш ли утре за вкъщи? Shche pytuvash li utre za vkyshchi?
Nein, erst am Wochenende.	Не, чак в края на седмицата. Ne, chak v kraya na sedmitsata.
Aber ich komme schon am Sonntag zurück.	Но още в неделя ще се върна. No oshche v nedelya shche se vyrna.
Ist deine Tochter schon erwachsen?	Дъщеря ти голяма ли е вече? Dyshcherya ti golyama li ye veche?
Nein, sie ist erst siebzehn.	Не, тя е едва на седемнайсет. Ne, tya ye yedva na sedemnayset.
Aber sie hat schon einen Freund.	Но вече има приятел. No veche ima priyatel.

66
[sechsundsechzig]

Possessivpronomen 1

66 [шейсет и шест]
66 [sheyset i shest]

Притежателни местоимения 1
Pritezhatelni mestoimeniya 1

ich – mein	аз – мой / свой / си az – moy / svoy / si
Ich finde meinen Schlüssel nicht.	Не мога да намеря моя ключ / своя ключ / ключа си. Ne moga da namerya moya klyuch / svoya klyuch / klyucha si.
Ich finde meine Fahrkarte nicht.	Не мога да намеря моя билет / своя билет / билета си. Ne moga da namerya moya bilet / svoya bilet / bileta si.
du – dein	ти – твой / свой / си ti – tvoy / svoy / si
Hast du deinen Schlüssel gefunden?	Намери ли твоя ключ / своя ключ / ключа си? Nameri li tvoya klyuch / svoya klyuch / klyucha si?
Hast du deine Fahrkarte gefunden?	Намери ли твоя билет / своя билет / билета си? Nameri li tvoya bilet / svoya bilet / bileta si?
er – sein	той – негов / му toy – negov / mu
Weißt du, wo sein Schlüssel ist?	Знаеш ли къде е неговият ключ / ключът му? Znaesh li kyde ye negoviyat klyuch / klyuchyt mu?
Weißt du, wo seine Fahrkarte ist?	Знаеш ли къде е неговият билет / билетът му? Znaesh li kyde ye negoviyat bilet / biletyt mu?

66 [sechsundsechzig]

Possessivpronomen 1

66 [шейсет и шест]
66 [sheyset i shest]

Притежателни местоимения 1
Pritezhatelni mestoimeniya 1

sie – ihr	тя – неин / й tya – nein / y
Ihr Geld ist weg.	Нейните пари / парите й ги няма. Neynite pari / parite y gi nyama.
Und ihre Kreditkarte ist auch weg.	Нейната кредитна карта / кредитната й карта също я няма. Neynata kreditna karta / kreditnata y karta syshcho ya nyama.
wir – unser	ние – наш / ни nie – nash / ni
Unser Opa ist krank.	Нашият дядо / дядо ни е болен. Nashiyat dyado / dyado ni ye bolen.
Unsere Oma ist gesund.	Нашата баба / баба ни е здрава. Nashata baba / baba ni ye zdrava.
ihr – euer	вие – ваш / ви vie – vash / vi
Kinder, wo ist euer Vati?	Деца, къде е вашият баща / баща ви? Detsa, kyde ye vashiyat bashcha / bashcha vi?
Kinder, wo ist eure Mutti?	Деца, къде е вашата майка / майка ви? Detsa, kyde ye vashata mayka / mayka vi?

67 [siebenundsechzig]

67 [шейсет и седем]
67 [sheyset i sedem]

Possessivpronomen 2

Притежателни местоимения 2
Pritezhatelni mestoimeniya 2

die Brille	Очила Ochila
Er hat seine Brille vergessen.	Той забрави своите очила / очилата си. Toy zabravi svoite ochila / ochilata si.
Wo hat er denn seine Brille?	Къде ли са неговите очила / очилата му? Kyde li sa negovite ochila / ochilata mu?
die Uhr	Часовник Chasovnik
Seine Uhr ist kaputt.	Неговият часовник / часовникът му е повреден. Negoviyat chasovnik / chasovnikyt mu ye povreden.
Die Uhr hängt an der Wand.	Часовникът виси на стената. Chasovnikyt visi na stenata.
der Pass	Паспорт Pasport
Er hat seinen Pass verloren.	Той загуби своя паспорт / паспорта си. Toy zagubi svoya pasport / pasporta si.
Wo hat er denn seinen Pass?	Къде ли е неговият паспорт / паспортът му? Kyde li ye negoviyat pasport / pasportyt mu?

67 [siebenundsechzig]

67 [шейсет и седем]
67 [sheyset i sedem]

Possessivpronomen 2

Притежателни местоимения 2

Pritezhatelni mestoimeniya 2

sie – ihr	те – техен / свои / си te – tekhen / svoi / si
Die Kinder können ihre Eltern nicht finden.	Децата не могат да намерят своите родители / родителите си. Detsata ne mogat da nameryat svoite roditeli / roditelite si.
Aber da kommen ja ihre Eltern!	Но ей там техните родители / родителите им идват! No yey tam tekhnite roditeli / roditelite im idvat!
Sie – Ihr	Вие – Ваш / Ви Vie – Vash / Vi
Wie war Ihre Reise, Herr Müller?	Как беше Вашето пътуване / пътуването Ви, господин Мюлер? Kak beshe Vasheto pytuvane / pytuvaneto Vi, gospodin Myuler?
Wo ist Ihre Frau, Herr Müller?	Къде е Вашата жена / жена Ви, господин Мюлер? Kyde ye Vashata zhena / zhena Vi, gospodin Myuler?
Sie – Ihr	Вие – Ваш / Ви Vie – Vash / Vi
Wie war Ihre Reise, Frau Schmidt?	Как беше Вашето пътуване / пътуването Ви, госпожо Шмит? Kak beshe Vasheto pytuvane / pytuvaneto Vi, gospozho Shmit?
Wo ist Ihr Mann, Frau Schmidt?	Къде е Вашият мъж / мъжът Ви, госпожо Шмит? Kyde ye Vashiyat myzh / myzhyt Vi, gospozho Shmit?

68 [achtundsechzig]

68 [шейсет и осем]
68 [sheyset i osem]

groß – klein

голям – малък
golyam – malyk

groß und klein

голям и малък
golyam i malyk

Der Elefant ist groß.

Слонът е голям.
Slonyt ye golyam.

Die Maus ist klein.

Мишката е малка.
Mishkata ye malka.

dunkel und hell

тъмен и светъл
tymen i svetyl

Die Nacht ist dunkel.

Нощта е тъмна.
Noshchta ye tymna.

Der Tag ist hell.

Денят е светъл.
Denyat ye svetyl.

alt und jung

стар и млад
star i mlad

Unser Großvater ist sehr alt.

Нашият дядо е много стар.
Nashiyat dyado ye mnogo star.

Vor 70 Jahren war er noch jung.

Преди 70 години е бил още млад.
Predi 70 godini ye bil oshche mlad.

68 [achtundsechzig]

68 [шейсет и осем]
68 [sheyset i osem]

groß – klein

голям – малък
golyam – malyk

schön und hässlich
красив и грозен
krasiv i grozen

Der Schmetterling ist schön.
Пеперудата е красива.
Peperudata ye krasiva.

Die Spinne ist hässlich.
Паякът е грозен.
Payakyt ye grozen.

dick und dünn
дебел и слаб
debel i slab

Eine Frau mit 100 Kilo ist dick.
Жена с тегло 100 килограма е дебела.
Zhena s teglo 100 kilograma ye debela.

Ein Mann mit 50 Kilo ist dünn.
Мъж с тегло 50 килограма е слаб.
Myzh s teglo 50 kilograma ye slab.

teuer und billig
скъп и евтин
skyp i yevtin

Das Auto ist teuer.
Колата е скъпа.
Kolata ye skypa.

Die Zeitung ist billig.
Вестникът е евтин.
Vestnikyt ye yevtin.

69 [neunundsechzig]

brauchen – wollen

69 [шейсет и девет]
69 [sheyset i devet]

трябва ми / имам нужда – искам
tryabva mi / imam nuzhda – iskam

Ich brauche ein Bett. | Трябва ми легло.
Tryabva mi leglo.

Ich will schlafen. | Искам да спя.
Iskam da spya.

Gibt es hier ein Bett? | Тук има ли легло?
Tuk ima li leglo?

Ich brauche eine Lampe. | Трябва ми лампа.
Tryabva mi lampa.

Ich will lesen. | Искам да чета.
Iskam da cheta.

Gibt es hier eine Lampe? | Тук има ли лампа?
Tuk ima li lampa?

Ich brauche ein Telefon. | Трябва ми телефон.
Tryabva mi telefon.

Ich will telefonieren. | Искам да се обадя.
Iskam da se obadya.

Gibt es hier ein Telefon? | Тук има ли телефон?
Tuk ima li telefon?

69
[neunundsechzig]

brauchen – wollen

69 [шейсет и девет]
69 [sheyset i devet]

трябва ми / имам нужда – искам
tryabva mi / imam nuzhda – iskam

Ich brauche eine Kamera. | Трябва ми камера.
Tryabva mi kamera.

Ich will fotografieren. | Искам да снимам.
Iskam da snimam.

Gibt es hier eine Kamera? | Тук има ли камера?
Tuk ima li kamera?

Ich brauche einen Computer. | Трябва ми компютър.
Tryabva mi kompyutyr.

Ich will eine E-Mail schicken. | Искам да изпратя е-майл.
Iskam da izpratya ye-mayl.

Gibt es hier einen Computer? | Тук има ли компютър?
Tuk ima li kompyutyr?

Ich brauche einen Kuli. | Трябва ми химикалка.
Tryabva mi khimikalka.

Ich will etwas schreiben. | Искам да напиша нещо.
Iskam da napisha neshcho.

Gibt es hier ein Blatt Papier und einen Kuli? | Тук има ли лист хартия и химикалка?
Tuk ima li list khartiya i khimikalka?

70 [siebzig]

etwas mögen

70 [седемдесет]
70 [sedemdeset]

желая, бих желал, искам, бих искал нещо
zhelaya, bikh zhelal, iskam, bikh iskal neshcho

Möchten Sie rauchen?	Искате ли да пушите? Iskate li da pushite?
Möchten Sie tanzen?	Искате ли да танцувате? Iskate li da tantsuvate?
Möchten Sie spazieren gehen?	Искате ли да се разходите? Iskate li da se razkhodite?
Ich möchte rauchen.	Искам да пуша. Iskam da pusha.
Möchtest du eine Zigarette?	Искате ли цигара? Iskate li tsigara?
Er möchte Feuer.	Той иска огънче. Toy iska ogynche.
Ich möchte etwas trinken.	Искам да пия нещо. Iskam da piya neshcho.
Ich möchte etwas essen.	Искам да ям нещо. Iskam da yam neshcho.
Ich möchte mich etwas ausruhen.	Искам да си отдъхна малко. Iskam da si otdykhna malko.

70 [siebzig]

etwas mögen

70 [седемдесет]
70 [sedemdeset]

желая, бих желал, искам, бих искал нещо
zhelaya, bikh zhelal, iskam, bikh iskal neshcho

Ich möchte Sie etwas fragen.	Бих искал / искала да Ви попитам нещо. Bikh iskal / iskala da Vi popitam neshcho.
Ich möchte Sie um etwas bitten.	Бих искал / искала да Ви помоля за нещо. Bikh iskal / iskala da Vi pomolya za neshcho.
Ich möchte Sie zu etwas einladen.	Бих искал / искала да Ви поканя на нещо. Bikh iskal / iskala da Vi pokanya na neshcho.
Was möchten Sie bitte?	Какво обичате / желаете, моля? Kakvo obichate / zhelaete, molya?
Möchten Sie einen Kaffee?	Желаете ли кафе? Zhelaete li kafe?
Oder möchten Sie lieber einen Tee?	Или предпочитате чай? Ili predpochitate chay?
Wir möchten nach Hause fahren.	Ние искаме да се приберем вкъщи. Nie iskame da se priberem vkyshchi.
Möchtet ihr ein Taxi?	Желаете ли такси? Zhelaete li taksi?
Sie möchten telefonieren.	Те искат да се обадят по телефона. Te iskat da se obadyat po telefona.

71 [einundsiebzig]

71 [седемдесет и едно]
71 [sedemdeset i yedno]

etwas wollen

искам, желая нещо
iskam, zhelaya neshcho

Was wollt ihr?	Какво искате? Kakvo iskate?
Wollt ihr Fußball spielen?	Искате ли да играете футбол? Iskate li da igraete futbol?
Wollt ihr Freunde besuchen?	Искате ли да посетите приятелите си? Iskate li da posetite priyatelite si?
wollen	Искам Iskam
Ich will nicht spät kommen.	Не искам да закъснявам. Ne iskam da zakysnyavam.
Ich will nicht hingehen.	Не искам да ходя там. Ne iskam da khodya tam.
Ich will nach Hause gehen.	Искам да си отида у дома. Iskam da si otida u doma.
Ich will zu Hause bleiben.	Искам да остана у дома. Iskam da ostana u doma.
Ich will allein sein.	Искам да съм сам / сама. Iskam da sym sam / sama.

71 [einundsiebzig]

etwas wollen

71 [седемдесет и едно]

71 [sedemdeset i yedno]

искам, желая нещо

iskam, zhelaya neshcho

Willst du hier bleiben?	Искаш ли да останеш тук? Iskash li da ostanesh tuk?
Willst du hier essen?	Искаш ли да се храниш тук? Iskash li da se khranish tuk?
Willst du hier schlafen?	Искаш ли да спиш тук? Iskash li da spish tuk?
Wollen Sie morgen abfahren?	Утре ли искате да заминете? Utre li iskate da zaminete?
Wollen Sie bis morgen bleiben?	До утре ли желаете да останете? Do utre li zhelaete da ostanete?
Wollen Sie die Rechnung erst morgen bezahlen?	Утре ли желаете да платите сметката? Utre li zhelaete da platite smetkata?
Wollt ihr in die Disko?	На дискотека ли искате да отидете? Na diskoteka li iskate da otidete?
Wollt ihr ins Kino?	На кино ли искате да отидете? Na kino li iskate da otidete?
Wollt ihr ins Café?	В кафенето ли искате да отидете? V kafeneto li iskate da otidete?

72 [zweiundsiebzig]

72 [седемдесет и две]
72 [sedemdeset i dve]

etwas müssen

трябва да направя нещо

tryabva da napravya neshcho

müssen	Трябва Tryabva
Ich muss den Brief verschicken.	Трябва да изпратя писмото. Tryabva da izpratya pismoto.
Ich muss das Hotel bezahlen.	Трябва да платя хотела. Tryabva da platya khotela.
Du musst früh aufstehen.	Трябва да станеш рано. Tryabva da stanesh rano.
Du musst viel arbeiten.	Трябва да работиш много. Tryabva da rabotish mnogo.
Du musst pünktlich sein.	Трябва да си точен. Tryabva da si tochen.
Er muss tanken.	Той трябва да зареди колата. Toy tryabva da zaredi kolata.
Er muss das Auto reparieren.	Той трябва да поправи колата. Toy tryabva da popravi kolata.
Er muss das Auto waschen.	Той трябва да измие колата. Toy tryabva da izmie kolata.

72 [zweiundsiebzig]

etwas müssen

72 [седемдесет и две]

72 [sedemdeset i dve]

трябва да направя нещо

tryabva da napravya neshcho

Sie muss einkaufen.	Тя трябва да пазарува. Tya tryabva da pazaruva.
Sie muss die Wohnung putzen.	Тя трябва да изчисти жилището. Tya tryabva da izchisti zhilishcheto.
Sie muss die Wäsche waschen.	Тя трябва да изпере прането. Tya tryabva da izpere praneto.
Wir müssen gleich zur Schule gehen.	Ние трябва да тръгваме веднага за училище. Nie tryabva da trygvame vednaga za uchilishche.
Wir müssen gleich zur Arbeit gehen.	Ние трябва да тръгваме веднага за работа. Nie tryabva da trygvame vednaga za rabota.
Wir müssen gleich zum Arzt gehen.	Ние трябва да отидем веднага на лекар. Nie tryabva da otidem vednaga na lekar.
Ihr müsst auf den Bus warten.	Вие трябва да чакате автобуса. Vie tryabva da chakate avtobusa.
Ihr müsst auf den Zug warten.	Вие трябва да чакате влака. Vie tryabva da chakate vlaka.
Ihr müsst auf das Taxi warten.	Вие трябва да чакате таксито. Vie tryabva da chakate taksito.

73 [dreiundsiebzig]

etwas dürfen

73 [седемдесет и три]
73 [sedemdeset i tri]

мога / разрешено ми е / бива
moga / razresheno mi ye / biva

Darfst du schon Auto fahren?	Можеш ли вече да караш кола? Mozhesh li veche da karash kola?
Darfst du schon Alkohol trinken?	Можеш ли вече да пиеш алкохол? Mozhesh li veche da piesh alkokhol?
Darfst du schon allein ins Ausland fahren?	Можеш ли вече да пътуваш сам / сама в чужбина? Mozhesh li veche da pytuvash sam / sama v chuzhbina?
dürfen	мога / разрешено ми е / бива moga / razresheno mi ye / biva
Dürfen wir hier rauchen?	Може ли да пушим тук? Mozhe li da pushim tuk?
Darf man hier rauchen?	Може ли да се пуши тук? Mozhe li da se pushi tuk?
Darf man mit Kreditkarte bezahlen?	Може ли да се плаща с кредитна карта? Mozhe li da se plashcha s kreditna karta?
Darf man mit Scheck bezahlen?	Може ли да се плаща с чек? Mozhe li da se plashcha s chek?
Darf man nur bar bezahlen?	Може ли да се плаща само в брой? Mozhe li da se plashcha samo v broy?

73 [dreiundsiebzig]

etwas dürfen

73 [седемдесет и три]

73 [sedemdeset i tri]

мога / разрешено ми е / бива

moga / razresheno mi ye / biva

Darf ich mal eben telefonieren?	Може ли да се обадя по телефона? Mozhe li da se obadya po telefona?
Darf ich mal eben etwas fragen?	Може ли да попитам нещо? Mozhe li da popitam neshcho?
Darf ich mal eben etwas sagen?	Може ли да кажа нещо? Mozhe li da kazha neshcho?
Er darf nicht im Park schlafen.	Той не може да спи в парка. Toy ne mozhe da spi v parka.
Er darf nicht im Auto schlafen.	Той не може да спи в колата. Toy ne mozhe da spi v kolata.
Er darf nicht im Bahnhof schlafen.	Той не може да спи на гарата. Toy ne mozhe da spi na garata.
Dürfen wir Platz nehmen?	Може ли да седнем? Mozhe li da sednem?
Dürfen wir die Speisekarte haben?	Може ли менюто? Mozhe li menyuto?
Dürfen wir getrennt zahlen?	Може ли да платим поотделно? Mozhe li da platim pootdelno?

74 [vierundsiebzig]

um etwas bitten

74 [седемдесет и четири]

74 [sedemdeset i chetiri]

моля за нещо

molya za neshcho

Können Sie mir die Haare schneiden?

Nicht zu kurz, bitte.

Etwas kürzer, bitte.

Може ли да ме подстрижете ?
Mozhe li da me podstrizhete ?

Не много късо, моля.
Ne mnogo kyso, molya.

Малко по-късо, моля.
Malko po-kyso, molya.

Können Sie die Bilder entwickeln?

Die Fotos sind auf der CD.

Die Fotos sind in der Kamera.

Може ли да проявите снимките?
Mozhe li da proyavite snimkite?

Снимките са на компактдиска.
Snimkite sa na kompaktdiska.

Снимките са в камерата.
Snimkite sa v kamerata.

Können Sie die Uhr reparieren?

Das Glas ist kaputt.

Die Batterie ist leer.

Може ли да поправите часовника?
Mozhe li da popravite chasovnika?

Стъклото е счупено.
Stykloto ye schupeno.

Батерията е изтощена.
Bateriyata ye iztoshchena.

74 [vierundsiebzig]

74 [седемдесет и четири]
74 [sedemdeset i chetiri]

um etwas bitten

моля за нещо
molya za neshcho

Können Sie das Hemd bügeln?	Може ли да изгладите ризата? Mozhe li da izgladite rizata?
Können Sie die Hose reinigen?	Може ли да почистите панталона? Mozhe li da pochistite pantalona?
Können Sie die Schuhe reparieren?	Може ли да поправите обувките? Mozhe li da popravite obuvkite?
Können Sie mir Feuer geben?	Може ли да ми дадете огънче? Mozhe li da mi dadete ogynche?
Haben Sie Streichhölzer oder ein Feuerzeug?	Имате ли кибрит или запалка? Imate li kibrit ili zapalka?
Haben Sie einen Aschenbecher?	Имате ли пепелник? Imate li pepelnik?
Rauchen Sie Zigarren?	Пушите ли пури? Pushite li puri?
Rauchen Sie Zigaretten?	Пушите ли цигари? Pushite li tsigari?
Rauchen Sie Pfeife?	Пушите ли лула? Pushite li lula?

75 [fünfundsiebzig]

etwas begründen 1

75 [седемдесет и пет]
75 [sedemdeset i pet]

аргументирам нещо 1
argumentiram neshcho 1

Warum kommen Sie nicht?	Защо няма да дойдете? Zashcho nyama da doydete?
Das Wetter ist so schlecht.	Времето е лошо. Vremeto ye losho.
Ich komme nicht, weil das Wetter so schlecht ist.	Аз няма да дойда, защото времето е лошо. Az nyama da doyda, zashchoto vremeto ye losho.
Warum kommt er nicht?	Защо той няма да дойде? Zashcho toy nyama da doyde?
Er ist nicht eingeladen.	Той не е поканен. Toy ne ye pokanen.
Er kommt nicht, weil er nicht eingeladen ist.	Той няма да дойде, защото не е поканен. Toy nyama da doyde, zashchoto ne ye pokanen.
Warum kommst du nicht?	Защо няма да дойдеш? Zashcho nyama da doydesh?
Ich habe keine Zeit.	Аз нямам време. Az nyamam vreme.
Ich komme nicht, weil ich keine Zeit habe.	Аз няма да дойда, защото нямам време. Az nyama da doyda, zashchoto nyamam vreme.

75 [fünfundsiebzig]

etwas begründen 1

75 [седемдесет и пет]
75 [sedemdeset i pet]

аргументирам нещо 1
argumentiram neshcho 1

Warum bleibst du nicht?	Защо не останеш? Zashcho ne ostanesh?
Ich muss noch arbeiten.	Аз трябва да работя още. Az tryabva da rabotya oshche.
Ich bleibe nicht, weil ich noch arbeiten muss.	Аз няма да остана, защото трябва да работя още. Az nyama da ostana, zashchoto tryabva da rabotya oshche.
Warum gehen Sie schon?	Защо си тръгвате вече? Zashcho si trygvate veche?
Ich bin müde.	Аз съм уморен / уморена. Az sym umoren / umorena.
Ich gehe, weil ich müde bin.	Аз си тръгвам, защото съм уморен / уморена. Az si trygvam, zashchoto sym umoren / umorena.
Warum fahren Sie schon?	Защо заминавате вече? Zashcho zaminavate veche?
Es ist schon spät.	Вече е късно. Veche ye kysno.
Ich fahre, weil es schon spät ist.	Заминавам, защото вече е късно. Zaminavam, zashchoto veche ye kysno.

76
[sechsundsiebzig]

etwas begründen
2

76 [седемдесет и
шест]
76 [sedemdeset i
shest]

аргументирам
нещо 2
argumentiram neshcho 2

Warum bist du nicht gekommen?	Ти защо не дойде? Ti zashcho ne doyde?
Ich war krank.	Аз бях болен / болна. Az byakh bolen / bolna.
Ich bin nicht gekommen, weil ich krank war.	Аз не дойдох, защото бях болен / болна. Az ne doydokh, zashchoto byakh bolen / bolna.
Warum ist sie nicht gekommen?	Защо тя не дойде? Zashcho tya ne doyde?
Sie war müde.	Тя беше уморена. Tya beshe umorena.
Sie ist nicht gekommen, weil sie müde war.	Тя не дойде, защото беше уморена. Tya ne doyde, zashchoto beshe umorena.
Warum ist er nicht gekommen?	Защо той не дойде? Zashcho toy ne doyde?
Er hatte keine Lust.	Той нямаше желание. Toy nyamashe zhelanie.
Er ist nicht gekommen, weil er keine Lust hatte.	Той не дойде, защото нямаше желание. Toy ne doyde, zashchoto nyamashe zhelanie.

76
[sechsundsiebzig]

etwas begründen
2

76 [седемдесет и
шест]
76 [sedemdeset i
shest]

аргументирам
нещо 2
argumentiram neshcho 2

Warum seid ihr nicht gekommen?	Защо не дойдохте? Zashcho ne doydokhte?
Unser Auto ist kaputt.	Колата ни е повредена. Kolata ni ye povredena.
Wir sind nicht gekommen, weil unser Auto kaputt ist.	Ние не дойдохме, защото колата ни е повредена. Nie ne doydokhme, zashchoto kolata ni ye povredena.
Warum sind die Leute nicht gekommen?	Защо хората не дойдоха? Zashcho khorata ne doydokha?
Sie haben den Zug verpasst.	Те изпуснаха влака. Te izpusnakha vlaka.
Sie sind nicht gekommen, weil sie den Zug verpasst haben.	Те не дойдоха, защото изпуснаха влака. Te ne doydokha, zashchoto izpusnakha vlaka.
Warum bist du nicht gekommen?	Защо не дойде? Zashcho ne doyde?
Ich durfte nicht.	Не биваше. Ne bivashe.
Ich bin nicht gekommen, weil ich nicht durfte.	Аз не дойдох, защото не биваше. Az ne doydokh, zashchoto ne bivashe.

77
[siebenundsiebzig]

etwas begründen
3

77 [седемдесет и
седем]
77 [sedemdeset i
sedem]

аргументирам
нещо 3
argumentiram neshcho 3

Warum essen Sie die Torte nicht?	Защо не ядете тортата? Zashcho ne yadete tortata?
Ich muss abnehmen.	Трябва да отслабна. Tryabva da otslabna.
Ich esse sie nicht, weil ich abnehmen muss.	Аз няма да я ям, защото трябва да отслабна. Az nyama da ya yam, zashchoto tryabva da otslabna.
Warum trinken Sie das Bier nicht?	Защо не пиете бирата? Zashcho ne piete birata?
Ich muss noch fahren.	Трябва да шофирам. Tryabva da shofiram.
Ich trinke es nicht, weil ich noch fahren muss.	Аз няма да я пия, защото трябва да шофирам. Az nyama da ya piya, zashchoto tryabva da shofiram.
Warum trinkst du den Kaffee nicht?	Защо не пиеш кафето? Zashcho ne piesh kafeto?
Er ist kalt.	То е студено. To ye studeno.
Ich trinke ihn nicht, weil er kalt ist.	Аз няма да го пия, защото е студено. Az nyama da go piya, zashchoto ye studeno.

77 [siebenundsiebzig]

etwas begründen 3

77 [седемдесет и седем]
77 [sedemdeset i sedem]

аргументирам нещо 3
argumentiram neshcho 3

Warum trinkst du den Tee nicht?	Защо не пиеш чая? Zashcho ne piesh chaya?
Ich habe keinen Zucker.	Нямам захар. Nyamam zakhar.
Ich trinke ihn nicht, weil ich keinen Zucker habe.	Аз няма да го пия, защото нямам захар. Az nyama da go piya, zashchoto nyamam zakhar.
Warum essen Sie die Suppe nicht?	Защо не ядете супата? Zashcho ne yadete supata?
Ich habe sie nicht bestellt.	Не съм я поръчвал / поръчвала. Ne sym ya porychval / porychvala.
Ich esse sie nicht, weil ich sie nicht bestellt habe.	Аз няма да я ям, защото не съм я поръчвал / поръчвала. Az nyama da ya yam, zashchoto ne sym ya porychval / porychvala.
Warum essen Sie das Fleisch nicht?	Защо не ядете месото? Zashcho ne yadete mesoto?
Ich bin Vegetarier.	Вегетарианец съм. Vegetarianets sym.
Ich esse es nicht, weil ich Vegetarier bin.	Аз няма да го ям, защото съм вегетарианец. Az nyama da go yam, zashchoto sym vegetarianets.

78 [achtundsiebzig]

78 [седемдесет и осем]
78 [sedemdeset i osem]

Adjektive 1

Прилагателни 1
Prilagatelni 1

eine alte Frau	възрастна жена vyzrastna zhena
eine dicke Frau	дебела жена debela zhena
eine neugierige Frau	любопитна жена lyubopitna zhena
ein neuer Wagen	нова кола nova kola
ein schneller Wagen	бърза кола byrza kola
ein bequemer Wagen	удобна кола udobna kola
ein blaues Kleid	синя рокля sinya roklya
ein rotes Kleid	червена рокля chervena roklya
ein grünes Kleid	зелена рокля zelena roklya

78 [achtundsiebzig]

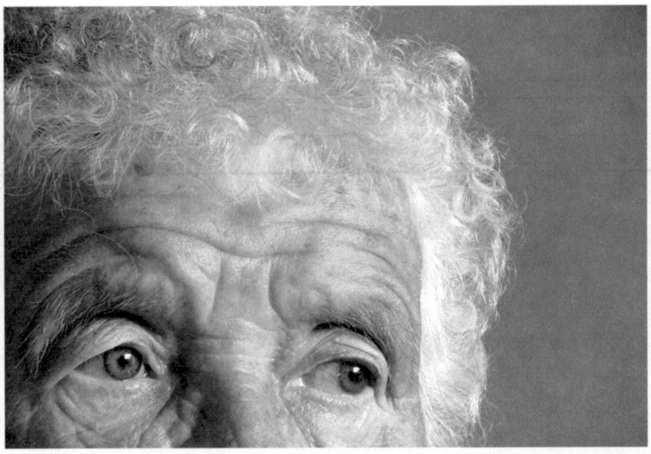

78 [седемдесет и осем]
78 [sedemdeset i osem]

Adjektive 1

Прилагателни 1
Prilagatelni 1

eine schwarze Tasche	черна чанта cherna chanta
eine braune Tasche	кафява чанта kafyava chanta
eine weiße Tasche	бяла чанта byala chanta
nette Leute	приятни хора priyatni khora
höfliche Leute	учтиви хора uchtivi khora
interessante Leute	интересни хора interesni khora
liebe Kinder	мили деца mili detsa
freche Kinder	нахални деца nakhalni detsa
brave Kinder	послушни деца poslushni detsa

79 [neunundsiebzig]

Adjektive 2

79 [седемдесет и девет]
79 [sedemdeset i devet]

Прилагателни 2
Prilagatelni 2

Ich habe ein blaues Kleid an.
Облечена съм в синя рокля.
Oblechena sym v sinya roklya.

Ich habe ein rotes Kleid an.
Облечена съм в червена рокля.
Oblechena sym v chervena roklya.

Ich habe ein grünes Kleid an.
Облечена съм в зелена рокля.
Oblechena sym v zelena roklya.

Ich kaufe eine schwarze Tasche.
Аз купувам черна чанта.
Az kupuvam cherna chanta.

Ich kaufe eine braune Tasche.
Аз купувам кафява чанта.
Az kupuvam kafyava chanta.

Ich kaufe eine weiße Tasche.
Аз купувам бяла чанта.
Az kupuvam byala chanta.

Ich brauche einen neuen Wagen.
Имам нужда от нова кола.
Imam nuzhda ot nova kola.

Ich brauche einen schnellen Wagen.
Имам нужда от бърза кола.
Imam nuzhda ot byrza kola.

Ich brauche einen bequemen Wagen.
Имам нужда от удобна кола.
Imam nuzhda ot udobna kola.

79 [neunundsiebzig]

79 [седемдесет и девет]
79 [sedemdeset i devet]

Adjektive 2

Прилагателни 2
Prilagatelni 2

Da oben wohnt eine alte Frau.	Горе живее една възрастна жена. Gore zhivee yedna vyzrastna zhena.
Da oben wohnt eine dicke Frau.	Горе живее една дебела жена. Gore zhivee yedna debela zhena.
Da unten wohnt eine neugierige Frau.	Долу живее една любопитна жена. Dolu zhivee yedna lyubopitna zhena.
Unsere Gäste waren nette Leute.	Гостите ни бяха приятни хора. Gostite ni byakha priyatni khora.
Unsere Gäste waren höfliche Leute.	Гостите ни бяха учтиви хора. Gostite ni byakha uchtivi khora.
Unsere Gäste waren interessante Leute.	Гостите ни бяха интересни хора. Gostite ni byakha interesni khora.
Ich habe liebe Kinder.	Аз имам мили деца. Az imam mili detsa.
Aber die Nachbarn haben freche Kinder.	Но съседите имат нахални деца. No sysedite imat nakhalni detsa.
Sind Ihre Kinder brav?	Вашите деца послушни ли са? Vashite detsa poslushni li sa?

80 [achtzig]

80 [осемдесет]
80 [osemdeset]

Adjektive 3

Прилагателни 3
Prilagatelni 3

Sie hat einen Hund.	Тя има куче. Tya ima kuche.
Der Hund ist groß.	Кучето е голямо. Kucheto ye golyamo.
Sie hat einen großen Hund.	Тя има голямо куче. Tya ima golyamo kuche.
Sie hat ein Haus.	Тя има къща. Tya ima kyshcha.
Das Haus ist klein.	Къщата е малка. Kyshchata ye malka.
Sie hat ein kleines Haus.	Тя има малка къща. Tya ima malka kyshcha.
Er wohnt in einem Hotel.	Той е отседнал в хотел. Toy ye otsednal v khotel.
Das Hotel ist billig.	Хотелът е евтин. Khotelyt ye yevtin.
Er wohnt in einem billigen Hotel.	Той е отседнал в евтин хотел. Toy ye otsednal v yevtin khotel.

80 [achtzig]

80 [осемдесет]
80 [osemdeset]

Adjektive 3

Прилагателни 3
Prilagatelni 3

Er hat ein Auto.	Той има кола. Toy ima kola.
Das Auto ist teuer.	Колата е скъпа. Kolata ye skypa.
Er hat ein teures Auto.	Той има скъпа кола. Toy ima skypa kola.
Er liest einen Roman.	Той чете роман. Toy chete roman.
Der Roman ist langweilig.	Романът е скучен. Romanyt ye skuchen.
Er liest einen langweiligen Roman.	Той чете скучен роман. Toy chete skuchen roman.
Sie sieht einen Film.	Тя гледа филм. Tya gleda film.
Der Film ist spannend.	Филмът е напрегнат. Filmyt ye napregnat.
Sie sieht einen spannenden Film.	Тя гледа напрегнат филм. Tya gleda napregnat film.

81 [einundachtzig]

81 [осемдесет и едно]
81 [osemdeset i yedno]

Vergangenheit 1

Минало време 1
Minalo vreme 1

schreiben	Пиша Pisha
Er schrieb einen Brief.	Той написа писмо. Toy napisa pismo.
Und sie schrieb eine Karte.	А тя надписваше картичка. A tya nadpisvashe kartichka.
lesen	Чета Cheta
Er las eine Illustrierte.	Той четеше илюстровано списание. Toy cheteshe ilyustrovano spisanie.
Und sie las ein Buch.	А тя четеше книга. A tya cheteshe kniga.
nehmen	Вземам Vzemam
Er nahm eine Zigarette.	Той взе цигара. Toy vze tsigara.
Sie nahm ein Stück Schokolade.	Тя взе парче шоколад. Tya vze parche shokolad.

81 [einundachtzig]

81 [осемдесет и едно]
81 [osemdeset i yedno]

Vergangenheit 1

Минало време 1
Minalo vreme 1

Er war untreu, aber sie war treu.	Той не беше предан, но тя беше предана. Toy ne beshe predan, no tya beshe predana.
Er war faul, aber sie war fleißig.	Той беше мързелив, но тя беше старателна. Toy beshe myrzeliv, no tya beshe staratelna.
Er war arm, aber sie war reich.	Той беше беден, но тя беше богата. Toy beshe beden, no tya beshe bogata.
Er hatte kein Geld, sondern Schulden.	Той нямаше пари, а дългове. Toy nyamashe pari, a dylgove.
Er hatte kein Glück, sondern Pech.	Той нямаше късмет, а само несполука. Toy nyamashe kysmet, a samo nespoluka.
Er hatte keinen Erfolg, sondern Misserfolg.	Той нямаше успех, а неуспех. Toy nyamashe uspekh, a neuspekh.
Er war nicht zufrieden, sondern unzufrieden.	Той не беше доволен, а недоволен. Toy ne beshe dovolen, a nedovolen.
Er war nicht glücklich, sondern unglücklich.	Той не беше щастлив, а нещастен. Toy ne beshe shchastliv, a neshchasten.
Er war nicht sympathisch, sondern unsympathisch.	Той не беше симпатичен, а несимпатичен. Toy ne beshe simpatichen, a nesimpatichen.

82 [zweiundachtzig]

82 [осемдесет и две]
82 [osemdeset i dve]

Vergangenheit 2

Минало време 2
Minalo vreme 2

Musstest du einen Krankenwagen rufen?	Трябваше ли да викаш линейка? Tryabvashe li da vikash lineyka?
Musstest du den Arzt rufen?	Трябваше ли да викаш лекаря? Tryabvashe li da vikash lekarya?
Musstest du die Polizei rufen?	Трябваше ли да викаш полицията? Tryabvashe li da vikash politsiyata?
Haben Sie die Telefonnummer? Gerade hatte ich sie noch.	Имате ли телефонния номер? Тъкмо го взех. Imate li telefonniya nomer? Tykmo go vzekh.
Haben Sie die Adresse? Gerade hatte ich sie noch.	Имате ли адреса? Тъкмо го взех. Imate li adresa? Tykmo go vzekh.
Haben Sie den Stadtplan? Gerade hatte ich ihn noch.	Имате ли карта на града? Тъкмо я взех. Imate li karta na grada? Tykmo ya vzekh.
Kam er pünktlich? Er konnte nicht pünktlich kommen.	Той навреме ли дойде? Той не можа да дойде навреме. Toy navreme li doyde? Toy ne mozha da doyde navreme.
Fand er den Weg? Er konnte den Weg nicht finden.	Той намери ли пътя? Той не можа да намери пътя. Toy nameri li pytya? Toy ne mozha da nameri pytya.
Verstand er dich? Er konnte mich nicht verstehen.	Той разбра ли те? Той не можа да ме разбере. Toy razbra li te? Toy ne mozha da me razbere.

82 [zweiundachtzig]

Vergangenheit 2

82 [осемдесет и две]
82 [osemdeset i dve]

Минало време 2
Minalo vreme 2

Warum konntest du nicht pünktlich kommen?	Защо не можа да дойдеш навреме? Zashcho ne mozha da doydesh navreme?
Warum konntest du den Weg nicht finden?	Защо не можа да намериш пътя? Zashcho ne mozha da namerish pytya?
Warum konntest du ihn nicht verstehen?	Защо не можа да го разбереш? Zashcho ne mozha da go razberesh?
Ich konnte nicht pünktlich kommen, weil kein Bus fuhr.	Не можах да дойда навреме, защото нямаше автобус. Ne mozhakh da doyda navreme, zashchoto nyamashe avtobus.
Ich konnte den Weg nicht finden, weil ich keinen Stadtplan hatte.	Не можах да намеря пътя, защото нямах карта на града. Ne mozhakh da namerya pytya, zashchoto nyamakh karta na grada.
Ich konnte ihn nicht verstehen, weil die Musik so laut war.	Не можах да го разбера, защото музиката беше много силна. Ne mozhakh da go razbera, zashchoto muzikata beshe mnogo silna.
Ich musste ein Taxi nehmen.	Трябваше за взема такси. Tryabvashe za vzema taksi.
Ich musste einen Stadtplan kaufen.	Трябваше да купя карта на града. Tryabvashe da kupya karta na grada.
Ich musste das Radio ausschalten.	Трябваше за изключа радиото. Tryabvashe za izklyucha radioto.

83 [dreiundachtzig]

83 [осемдесет и три]
83 [osemdeset i tri]

Vergangenheit 3

Минало време 3
Minalo vreme 3

telefonieren	звъня / обаждам се по телефона zvynya / obazhdam se po telefona
Ich habe telefoniert.	Аз звънях по телефона. Az zvynyakh po telefona.
Ich habe die ganze Zeit telefoniert.	Говорих по телефона през цялото време. Govorikh po telefona prez tsyaloto vreme.
fragen	Питам Pitam
Ich habe gefragt.	Аз питах. Az pitakh.
Ich habe immer gefragt.	Аз постоянно питах. Az postoyanno pitakh.
erzählen	Разказвам Razkazvam
Ich habe erzählt.	Аз разказвах. Az razkazvakh.
Ich habe die ganze Geschichte erzählt.	Аз разказах цялата история. Az razkazakh tsyalata istoriya.

83 [dreiundachtzig]

83 [осемдесет и три]
83 [osemdeset i tri]

Vergangenheit 3

Минало време 3
Minalo vreme 3

lernen	Уча Ucha
Ich habe gelernt.	Аз учих. Az uchikh.
Ich habe den ganzen Abend gelernt.	Аз учих цяла вечер. Az uchikh tsyala vecher.
arbeiten	Работя Rabotya
Ich habe gearbeitet.	Аз работих. Az rabotikh.
Ich habe den ganzen Tag gearbeitet.	Аз работих цял ден. Az rabotikh tsyal den.
essen	Ям Yam
Ich habe gegessen.	Аз ядох. Az yadokh.
Ich habe das ganze Essen gegessen.	Аз изядох всичката храна. Az izyadokh vsichkata khrana.

84 [vierundachtzig]

84 [осемдесет и четири]
84 [osemdeset i chetiri]

Vergangenheit 4

Минало време 4
Minalo vreme 4

lesen	Чета Cheta
Ich habe gelesen.	Аз четох. Az chetokh.
Ich habe den ganzen Roman gelesen.	Аз прочетох целия роман. Az prochetokh tseliya roman.
verstehen	Разбирам Razbiram
Ich habe verstanden.	Аз разбрах. Az razbrakh.
Ich habe den ganzen Text verstanden.	Аз разбрах целия текст. Az razbrakh tseliya tekst.
antworten	Отговарям Otgovaryam
Ich habe geantwortet.	Аз отговорих. Az otgovorikh.
Ich habe auf alle Fragen geantwortet.	Аз отговорих на всички въпроси. Az otgovorikh na vsichki vyprosi.

84 [vierundachtzig]

84 [осемдесет и четири]
84 [osemdeset i chetiri]

Vergangenheit 4

Минало време 4
Minalo vreme 4

Ich weiß das – ich habe das gewusst.	Аз зная това – аз знаех това. Az znaya tova – az znaekh tova.
Ich schreibe das – ich habe das geschrieben.	Аз пиша това – аз написах това. Az pisha tova – az napisakh tova.
Ich höre das – ich habe das gehört.	Аз чувам това – аз чух това. Az chuvam tova – az chukh tova.
Ich hole das – ich habe das geholt.	Аз донасям това – аз донесох това. Az donasyam tova – az donesokh tova.
Ich bringe das – ich habe das gebracht.	Аз нося това – аз носих това. Az nosya tova – az nosikh tova.
Ich kaufe das – ich habe das gekauft.	Аз купувам това – аз купих това. Az kupuvam tova – az kupikh tova.
Ich erwarte das – ich habe das erwartet.	Аз очаквам това – аз очаквах това. Az ochakvam tova – az ochakvakh tova.
Ich erkläre das – ich habe das erklärt.	Аз обяснявам това – аз обясних това. Az obyasnyavam tova – az obyasnikh tova.
Ich kenne das – ich habe das gekannt.	Аз познавам това – аз познавах това. Az poznavam tova – az poznavakh tova.

85 [fünfundachtzig]

85 [осемдесет и пет]
85 [osemdeset i pet]

Fragen – Vergangenheit 1

Въпроси – Минало време 1
Vyprosi – Minalo vreme 1

Wie viel haben Sie getrunken?	Колко пихте? Kolko pikhte?
Wie viel haben Sie gearbeitet?	Колко работихте? Kolko rabotikhte?
Wie viel haben Sie geschrieben?	Колко писахте? Kolko pisakhte?
Wie haben Sie geschlafen?	Как спахте? Kak spakhte?
Wie haben Sie die Prüfung bestanden?	Как взехте изпита? Kak vzekhte izpita?
Wie haben Sie den Weg gefunden?	Как намерихте пътя? Kak namerikhte pytya?
Mit wem haben Sie gesprochen?	С кого говорихте? S kogo govorikhte?
Mit wem haben Sie sich verabredet?	С кого се уговорихте? S kogo se ugovorikhte?
Mit wem haben Sie Geburtstag gefeiert?	С кого празнувахте рождения ден? S kogo praznuvakhte rozhdeniya den?

85 [fünfundachtzig]

85 [осемдесет и пет]
85 [osemdeset i pet]

Fragen – Vergangenheit 1

Въпроси – Минало време 1
Vyprosi – Minalo vreme 1

Wo sind Sie gewesen?	Къде бяхте? Kyde byakhte?
Wo haben Sie gewohnt?	Къде живяхте? Kyde zhivyakhte?
Wo haben Sie gearbeitet?	Къде работихте? Kyde rabotikhte?
Was haben Sie empfohlen?	Какво препоръчахте? Kakvo preporychakhte?
Was haben Sie gegessen?	Къде се хранихте? Kyde se khranikhte?
Was haben Sie erfahren?	Какво научихте? Kakvo nauchikhte?
Wie schnell sind Sie gefahren?	Колко бързо шофирахте? Kolko byrzo shofirakhte?
Wie lange sind Sie geflogen?	Колко време летяхте? Kolko vreme letyakhte?
Wie hoch sind Sie gesprungen?	Колко високо скочихте? Kolko visoko skochikhte?

86 [sechsundachtzig]

Fragen – Vergangenheit 2

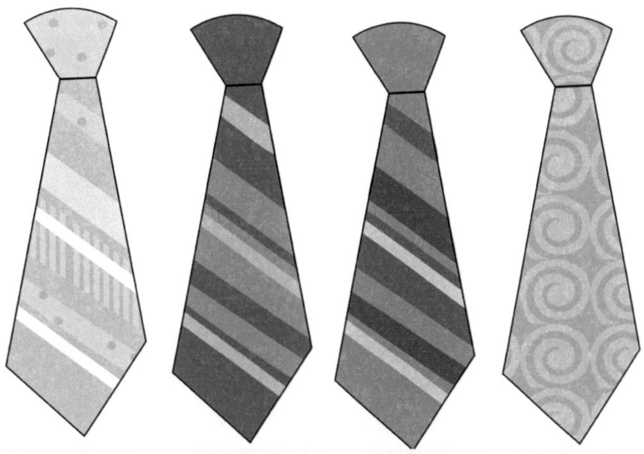

86 [осемдесет и шест]
86 [osemdeset i shest]

Въпроси – Минало време 2
Vyprosi – Minalo vreme 2

Welche Krawatte hast du getragen?	Ти каква вратовръзка носеше? Ti kakva vratovryzka noseshe?
Welches Auto hast du gekauft?	Ти каква кола си купи? Ti kakva kola si kupi?
Welche Zeitung hast du abonniert?	Ти за какъв вестник се абонира? Ti za kakyv vestnik se abonira?
Wen haben Sie gesehen?	Кого видяхте? Kogo vidyakhte?
Wen haben Sie getroffen?	Кого срещнахте? Kogo sreshchnakhte?
Wen haben Sie erkannt?	Кого разпознахте? Kogo razpoznakhte?
Wann sind Sie aufgestanden?	Кога станахте? Koga stanakhte?
Wann haben Sie begonnen?	Кога започнахте? Koga zapochnakhte?
Wann haben Sie aufgehört?	Кога свършихте? Koga svyrshikhte?

86
[sechsundachtzig]

Fragen – Vergangenheit 2

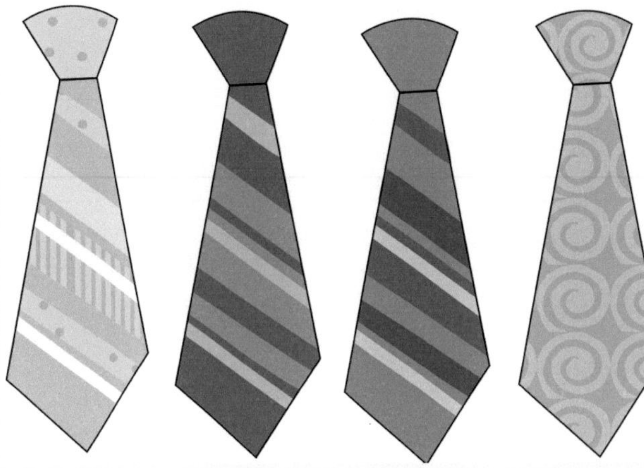

86 [осемдесет и шест]
86 [osemdeset i shest]

Въпроси – Минало време 2

Vyprosi – Minalo vreme 2

Warum sind Sie aufgewacht?	Защо се събудихте? Zashcho se sybudikhte?
Warum sind Sie Lehrer geworden?	Защо станахте учител? Zashcho stanakhte uchitel?
Warum haben Sie ein Taxi genommen?	Защо взехте такси? Zashcho vzekhte taksi?
Woher sind Sie gekommen?	Откъде дойдохте? Otkyde doydokhte?
Wohin sind Sie gegangen?	Къде отидохте? Kyde otidokhte?
Wo sind Sie gewesen?	Къде бяхте? Kyde byakhte?
Wem hast du geholfen?	Ти на кого помогна? Ti na kogo pomogna?
Wem hast du geschrieben?	Ти на кого писа? Ti na kogo pisa?
Wem hast du geantwortet?	Ти на кого отговори? Ti na kogo otgovori?

87 [siebenundachtzig]

Vergangenheit der Modalverben 1

87 [осемдесет и седем]

87 [osemdeset i sedem]

Минало време на модалните глаголи 1

Minalo vreme na modalnite glagoli 1

Wir mussten die Blumen gießen.	Ние трябваше да полеем цветята. Nie tryabvashe da poleem tsvetyata.
Wir mussten die Wohnung aufräumen.	Ние трябваше да разтребим жилището. Nie tryabvashe da raztrebim zhilishcheto.
Wir mussten das Geschirr spülen.	Ние трябваше да измием съдовете. Nie tryabvashe da izmiem sydovete.
Musstet ihr die Rechnung bezahlen?	Трябваше ли да платите сметката? Tryabvashe li da platite smetkata?
Musstet ihr Eintritt bezahlen?	Трябваше ли да платите вход? Tryabvashe li da platite vkhod?
Musstet ihr eine Strafe bezahlen?	Трябваше ли да платите глоба? Tryabvashe li da platite globa?
Wer musste sich verabschieden?	Кой трябваше да се сбогува? Koy tryabvashe da se sboguva?
Wer musste früh nach Hause gehen?	Кой трябваше да си тръгне рано за вкъщи? Koy tryabvashe da si trygne rano za vkyshchi?
Wer musste den Zug nehmen?	Кой трябваше да вземе влака? Koy tryabvashe da vzeme vlaka?

87 [siebenundachtzig]

Vergangenheit der Modalverben 1

87 [осемдесет и седем]

87 [osemdeset i sedem]

Минало време на модалните глаголи 1

Minalo vreme na modalnite glagoli 1

Wir wollten nicht lange bleiben.	Ние не искахме да останем дълго. Nie ne iskakhme da ostanem dylgo.
Wir wollten nichts trinken.	Ние не искахме да пием нищо. Nie ne iskakhme da piem nishcho.
Wir wollten nicht stören.	Ние не искахме да пречим. Nie ne iskakhme da prechim.
Ich wollte eben telefonieren.	Тъкмо исках да се обадя по телефона. Tykmo iskakh da se obadya po telefona.
Ich wollte ein Taxi bestellen.	Аз исках да поръчам такси. Az iskakh da porycham taksi.
Ich wollte nämlich nach Haus fahren.	Аз всъщност исках да си отида вкъщи. Az vsyshchnost iskakh da si otida vkyshchi.
Ich dachte, du wolltest deine Frau anrufen.	Аз си мислех, че искаш да се обадиш на жена си. Az si mislekh, che iskash da se obadish na zhena si.
Ich dachte, du wolltest die Auskunft anrufen.	Аз си мислех, че искаш да се обадиш на „Информация”. Az si mislekh, che iskash da se obadish na „Informatsiya”.
Ich dachte, du wolltest eine Pizza bestellen.	Аз си мислех, че искаш да поръчаш пица. Az si mislekh, che iskash da porychash pitsa.

88 [achtundachtzig]

Vergangenheit der Modalverben 2

88 [осемдесет и осем]

88 [osemdeset i osem]

Минало време на модалните глаголи 2

Minalo vreme na modalnite glagoli 2

Mein Sohn wollte nicht mit der Puppe spielen.	Моят син не искаше да си играе с куклата. Moyat sin ne iskashe da si igrae s kuklata.
Meine Tochter wollte nicht Fußball spielen.	Моята дъщеря не искаше да играе футбол. Moyata dyshcherya ne iskashe da igrae futbol.
Meine Frau wollte nicht mit mir Schach spielen.	Моята жена не искаше да играе с мен на шах. Moyata zhena ne iskashe da igrae s men na shakh.
Meine Kinder wollten keinen Spaziergang machen.	Моите деца не искаха да се разхождат. Moite detsa ne iskakha da se razkhozhdat.
Sie wollten nicht das Zimmer aufräumen.	Те не искаха да разтребят стаята. Te ne iskakha da raztrebyat stayata.
Sie wollten nicht ins Bett gehen.	Те не искаха да си лягат. Te ne iskakha da si lyagat.
Er durfte kein Eis essen.	Той не биваше да яде сладолед. Toy ne bivashe da yade sladoled.
Er durfte keine Schokolade essen.	Той не биваше да яде шоколад. Toy ne bivashe da yade shokolad.
Er durfte keine Bonbons essen.	Той не биваше да яде бонбони. Toy ne bivashe da yade bonboni.

88 [achtundachtzig]

Vergangenheit der Modalverben 2

88 [осемдесет и осем]
88 [osemdeset i osem]

Минало време на модалните глаголи 2

Minalo vreme na modalnite glagoli 2

Ich durfte mir etwas wünschen.	Можех да си пожелая нещо. Mozhekh da si pozhelaya neshcho.
Ich durfte mir ein Kleid kaufen.	Можех да си купя рокля. Mozhekh da si kupya roklya.
Ich durfte mir eine Praline nehmen.	Можех да си взема бонбон. Mozhekh da si vzema bonbon.
Durftest du im Flugzeug rauchen?	Можеше ли да пушиш в самолета? Mozheshe li da pushish v samoleta?
Durftest du im Krankenhaus Bier trinken?	Можеше ли да пиеш бира в болницата? Mozheshe li da piesh bira v bolnitsata?
Durftest du den Hund ins Hotel mitnehmen?	Можеше ли да вземеш кучето в хотела? Mozheshe li da vzemesh kucheto v khotela?
In den Ferien durften die Kinder lange draußen bleiben.	През ваканцията децата можеха да остават дълго навън. Prez vakantsiyata detsata mozhekha da ostavat dylgo navyn.
Sie durften lange im Hof spielen.	Те можеха дълго да играят на двора. Te mozhekha dylgo da igrayat na dvora.
Sie durften lange aufbleiben.	Те можеха дълго да не се прибират. Te mozhekha dylgo da ne se pribirat.

89 [neunundachtzig]

Imperativ 1

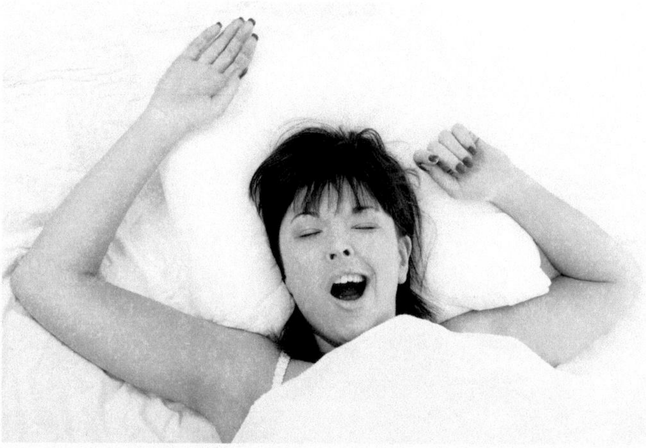

89 [осемдесет и девет]
89 [osemdeseet i devet]

Повелително наклонение 1
Povelitelno naklonenie 1

Du bist so faul – sei doch nicht so faul!	Ти си толкова мързелив – не бъди толкова мързелив! Ti si tolkova myrzeliv – ne bydi tolkova myrzeliv!
Du schläfst so lang – schlaf doch nicht so lang!	Ти спиш до толкова късно – не спи до толкова късно! Ti spish do tolkova kysno – ne spi do tolkova kysno!
Du kommst so spät – komm doch nicht so spät!	Ти идваш толкова късно – не идвай толкова късно! Ti idvash tolkova kysno – ne idvay tolkova kysno!
Du lachst so laut – lach doch nicht so laut!	Ти се смееш толкова силно – не се смей толкова силно! Ti se smeesh tolkova silno – ne se smey tolkova silno!
Du sprichst so leise – sprich doch nicht so leise!	Ти говориш толкова тихо – не говори толкова тихо! Ti govorish tolkova tikho – ne govori tolkova tikho!
Du trinkst zu viel – trink doch nicht so viel!	Ти пиеш твърде много – не пий толкова много! Ti piesh tvyrde mnogo – ne piy tolkova mnogo!
Du rauchst zu viel – rauch doch nicht so viel!	Ти пушиш твърде много – не пуши толкова много! Ti pushish tvyrde mnogo – ne pushi tolkova mnogo!
Du arbeitest zu viel – arbeite doch nicht so viel!	Ти работиш толкова много – не работи толкова много! Ti rabotish tolkova mnogo – ne raboti tolkova mnogo!
Du fährst so schnell – fahr doch nicht so schnell!	Ти караш толкова бързо – не карай толкова бързо! Ti karash tolkova byrzo – ne karay tolkova byrzo!

89 [neunundachtzig]

Imperativ 1

89 [осемдесет и девет]
89 [osemdeset i devet]

Повелително наклонение 1
Povelitelno naklonenie 1

Stehen Sie auf, Herr Müller!	Станете, господин Мюлер! Stanete, gospodin Myuler!
Setzen Sie sich, Herr Müller!	Седнете, господин Мюлер! Sednete, gospodin Myuler!
Bleiben Sie sitzen, Herr Müller!	Останете на мястото си, господин Мюлер! Ostanete na myastoto si, gospodin Myuler!
Haben Sie Geduld!	Имайте търпение! Imayte tyrpenie!
Nehmen Sie sich Zeit!	Не бързайте! Ne byrzayte!
Warten Sie einen Moment!	Почакайте един момент! Pochakayte yedin moment!
Seien Sie vorsichtig!	Бъдете внимателни! Bydete vnimatelni!
Seien Sie pünktlich!	Бъдете точни! Bydete tochni!
Seien Sie nicht dumm!	Не бъдете глупави! Ne bydete glupavi!

90 [neunzig]

Imperativ 2

90 [деветдесет]
90 [devetdeset]

Повелително наклонение 2
Povelitelno naklonenie 2

Rasier dich!	Избръсни се! Izbrysni se!
Wasch dich!	Измий се! Izmiy se!
Kämm dich!	Среши се! Sreshi se!
Ruf an! Rufen Sie an!	Позвъни по телефона! Позвънете по телефона! Pozvyni po telefona! Pozvynete po telefona!
Fang an! Fangen Sie an!	Започни! Започнете! Zapochni! Zapochnete!
Hör auf! Hören Sie auf!	Престани! Престанете! Prestani! Prestanete!
Lass das! Lassen Sie das!	Остави това! Оставете това! Ostavi tova! Ostavete tova!
Sag das! Sagen Sie das!	Кажи това! Кажете това! Kazhi tova! Kazhete tova!
Kauf das! Kaufen Sie das!	Купи това! Купете това! Kupi tova! Kupete tova!

90 [neunzig]

Imperativ 2

90 [деветдесет]
90 [devetdeset]

Повелително наклонение 2
Povelitelno naklonenie 2

Sei nie unehrlich!
Никога не бъди нечестен!
Nikoga ne bydi nechesten!

Sei nie frech!
Никога не бъди нахален!
Nikoga ne bydi nakhalen!

Sei nie unhöflich!
Никога не бъди неучтив!
Nikoga ne bydi neuchtiv!

Sei immer ehrlich!
Бъди винаги честен!
Bydi vinagi chesten!

Sei immer nett!
Бъди винаги мил!
Bydi vinagi mil!

Sei immer höflich!
Бъди винаги учтив!
Bydi vinagi uchtiv!

Kommen Sie gut nach Haus!
Да се приберете благополучно вкъщи!
Da se priberete blagopoluchno vkyshchi!

Passen Sie gut auf sich auf!
Грижете се за себе си!
Grizhete se za sebe si!

Besuchen Sie uns bald wieder!
Елате ни пак скоро на гости!
Elate ni pak skoro na gosti!

91 [einundneunzig]

Nebensätze mit dass 1

91 [деветдесет и едно]
91 [devetdeset i yedno]

Подчинени изречения с че 1
Podchineni izrecheniya s che 1

Das Wetter wird vielleicht morgen besser.	Времето утре може би ще е по-хубаво. Vremeto utre mozhe bi shche ye po-khubavo.
Woher wissen Sie das?	Откъде знаете това? Otkyde znaete tova?
Ich hoffe, dass es besser wird.	Надявам се, че ще е по-хубаво. Nadyavam se, che shche ye po-khubavo.
Er kommt ganz bestimmt.	Той непременно ще дойде. Toy nepremenno shche doyde.
Ist das sicher?	Сигурно ли е? Sigurno li ye?
Ich weiß, dass er kommt.	Зная, че ще дойде. Znaya, che shche doyde.
Er ruft bestimmt an.	Той непременно ще звънне. Toy nepremenno shche zvynne.
Wirklich?	Наистина ли? Naistina li?
Ich glaube, dass er anruft.	Мисля, че ще звънне. Mislya, che shche zvynne.

91 [einundneunzig]

91 [деветдесет и едно]
91 [devetdeset i yedno]

Nebensätze mit dass 1

Подчинени изречения с че 1
Podchineni izrecheniya s che 1

Der Wein ist sicher alt.	Виното сигурно е старо. Vinoto sigurno ye staro.
Wissen Sie das genau?	Знаете ли това със сигурност? Znaete li tova sys sigurnost?
Ich vermute, dass er alt ist.	Предполагам, че е старо. Predpolagam, che ye staro.
Unser Chef sieht gut aus.	Нашият шеф изглежда добре. Nashiyat shef izglezhda dobre.
Finden Sie?	Намирате ли? Namirate li?
Ich finde, dass er sogar sehr gut aussieht.	Намирам, че изглежда дори много добре. Namiram, che izglezhda dori mnogo dobre.
Der Chef hat bestimmt eine Freundin.	Шефът определено има приятелка. Shefyt opredeleno ima priyatelka.
Glauben Sie wirklich?	Наистина ли мислите така? Naistina li mislite taka?
Es ist gut möglich, dass er eine Freundin hat.	Твърде възможно е да има приятелка. Tvyrde vyzmozhno ye da ima priyatelka.

92
[zweiundneunzig]

Nebensätze mit dass 2

92 [деветдесет и две]
92 [devetdeset i dve]

Подчинени изречения с че 2
Podchineni izrecheniya s che 2

Es ärgert mich, dass du schnarchst.	Дразня се, че хъркаш. Draznya se, che khyrkash.
Es ärgert mich, dass du so viel Bier trinkst.	Дразня се, че пиеш толкова много бира. Draznya se, che piesh tolkova mnogo bira.
Es ärgert mich, dass du so spät kommst.	Дразня се, че се връщаш толкова късно. Draznya se, che se vryshchash tolkova kysno.
Ich glaube, dass er einen Arzt braucht.	Мисля, че той има нужда от лекар. Mislya, che toy ima nuzhda ot lekar.
Ich glaube, dass er krank ist.	Мисля, че той е болен. Mislya, che toy ye bolen.
Ich glaube, dass er jetzt schläft.	Мисля, че той спи сега. Mislya, che toy spi sega.
Wir hoffen, dass er unsere Tochter heiratet.	Надяваме се, че той ще се ожени за нашата дъщеря. Nadyavame se, che toy shche se ozheni za nashata dyshcherya.
Wir hoffen, dass er viel Geld hat.	Надяваме се, че той има много пари. Nadyavame se, che toy ima mnogo pari.
Wir hoffen, dass er Millionär ist.	Надяваме се, че той е милионер. Nadyavame se, che toy ye milioner.

92 [zweiundneunzig]

92 [деветдесет и две]
92 [devetdeset i dve]

Nebensätze mit dass 2

Подчинени изречения с че 2
Podchineni izrecheniya s che 2

Ich habe gehört, dass deine Frau einen Unfall hatte.	Чух, че жена ти е претърпяла злополука. Chukh, che zhena ti ye pretyrpyala zlopoluka.
Ich habe gehört, dass sie im Krankenhaus liegt.	Чух, че тя лежи в болницата. Chukh, che tya lezhi v bolnitsata.
Ich habe gehört, dass dein Auto total kaputt ist.	Чух, че колата ти е съвсем смачкана. Chukh, che kolata ti ye syvsem smachkana.
Es freut mich, dass Sie gekommen sind.	Радвам се, че дойдохте. Radvam se, che doydokhte.
Es freut mich, dass Sie Interesse haben.	Радвам се, че проявявате интерес. Radvam se, che proyavyavate interes.
Es freut mich, dass Sie das Haus kaufen wollen.	Радвам се, че искате да купите къщата. Radvam se, che iskate da kupite kyshchata.
Ich fürchte, dass der letzte Bus schon weg ist.	Опасявам се, че последният автобус вече е отпътувал. Opasyavam se, che posledniyat avtobus veche ye otpytuval.
Ich fürchte, dass wir ein Taxi nehmen müssen.	Опасявам се, че трябва да вземем такси. Opasyavam se, che tryabva da vzemem taksi.
Ich fürchte, dass ich kein Geld bei mir habe.	Опасявам се, че нямам пари в себе си. Opasyavam se, che nyamam pari v sebe si.

93 [dreiundneunzig]

Nebensätze mit ob

93 [деветдесет и три]
93 [devetdeset i tri]

Подчинени изречения с дали
Podchineni izrecheniya s dali

Ich weiß nicht, ob er mich liebt.	Не зная дали той ме обича. Ne znaya dali toy me obicha.
Ich weiß nicht, ob er zurückkommt.	Не зная дали той ще се върне. Ne znaya dali toy shche se vyrne.
Ich weiß nicht, ob er mich anruft.	Не зная дали той ще ми се обади по телефона. Ne znaya dali toy shche mi se obadi po telefona.
Ob er mich wohl liebt?	Дали ме обича? Dali me obicha?
Ob er wohl zurückkommt?	Дали ще се върне? Dali shche se vyrne?
Ob er mich wohl anruft?	Дали ще ми се обади по телефона? Dali shche mi se obadi po telefona?
Ich frage mich, ob er an mich denkt.	Питам се дали той мисли за мен. Pitam se dali toy misli za men.
Ich frage mich, ob er eine andere hat.	Питам се дали той има друга. Pitam se dali toy ima druga.
Ich frage mich, ob er lügt.	Питам се дали той лъже. Pitam se dali toy lyzhe.

93 [dreiundneunzig]

Nebensätze mit ob

93 [деветдесет и три]

93 [devetdeset i tri]

Подчинени изречения с дали

Podchineni izrecheniya s dali

Ob er wohl an mich denkt?	Дали мисли за мен? Dali misli za men?
Ob er wohl eine andere hat?	Дали той има друга? Dali toy ima druga?
Ob er wohl die Wahrheit sagt?	Дали казва истината? Dali kazva istinata?
Ich zweifele, ob er mich wirklich mag.	Съмнявам се че той наистина ме харесва. Symnyavam se che toy naistina me kharesva.
Ich zweifele, ob er mir schreibt.	Съмнявам се че ще ми пише. Symnyavam se che shche mi pishe.
Ich zweifele, ob er mich heiratet.	Съмнявам се че ще се ожени за мен. Symnyavam se che shche se ozheni za men.
Ob er mich wohl wirklich mag?	Дали наистина ме харесва? Dali naistina me kharesva?
Ob er mir wohl schreibt?	Дали ще ми пише? Dali shche mi pishe?
Ob er mich wohl heiratet?	Дали ще се ожени за мен? Dali shche se ozheni za men?

94 [vierundneunzig]

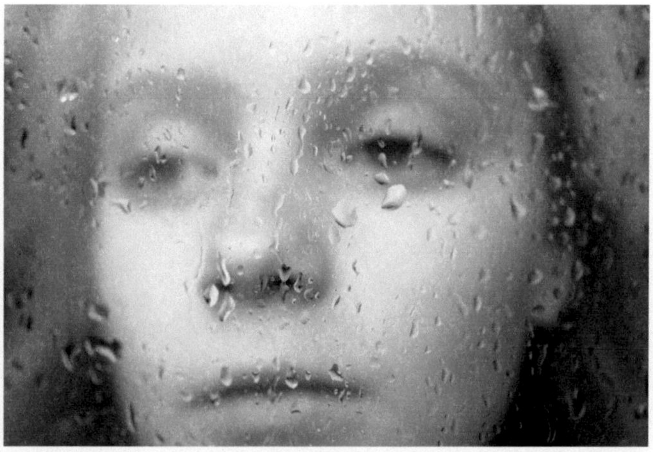

94 [деветдесет и четири]
94 [devetdeset i chetiri]

Konjunktionen 1

Съюзи 1
Syyuzi 1

Warte, bis der Regen aufhört.	Чакай, докато дъждът престане. Chakay, dokato dyzhdyt prestane.
Warte, bis ich fertig bin.	Чакай, докато свърша. Chakay, dokato svyrsha.
Warte, bis er zurückkommt.	Чакай, докато той се върне. Chakay, dokato toy se vyrne.
Ich warte, bis meine Haare trocken sind.	Ще чакам, докато косата ми изсъхне. Shche chakam, dokato kosata mi izsykhne.
Ich warte, bis der Film zu Ende ist.	Ще чакам, докато филмът свърши. Shche chakam, dokato filmyt svyrshi.
Ich warte, bis die Ampel grün ist.	Ще чакам, докато светофарът светне зелено. Shche chakam, dokato svetofaryt svetne zeleno.
Wann fährst du in Urlaub?	Кога заминаваш на почивка? Koga zaminavash na pochivka?
Noch vor den Sommerferien?	Още преди лятната ваканция? Oshche predi lyatnata vakantsiya?
Ja, noch bevor die Sommerferien beginnen.	Да, още преди да започне лятната ваканция. Da, oshche predi da zapochne lyatnata vakantsiya.

94 [vierundneunzig]

94 [деветдесет и четири]
94 [devetdeset i chetiri]

Konjunktionen 1

Съюзи 1
Syyuzi 1

Reparier das Dach, bevor der Winter beginnt.	Поправи покрива, преди да започне зимата. Popravi pokriva, predi da zapochne zimata.
Wasch deine Hände, bevor du dich an den Tisch setzt.	Измий си ръцете, преди да седнеш на масата. Izmiy si rytsete, predi da sednesh na masata.
Schließ das Fenster, bevor du rausgehst.	Затвори прозореца, преди да излезеш. Zatvori prozoretsa, predi da izlezesh.
Wann kommst du nach Hause?	Кога ще се върнеш вкъщи? Koga shche se vyrnesh vkyshchi?
Nach dem Unterricht?	След часовете? Sled chasovete?
Ja, nachdem der Unterricht aus ist.	Да, след като свършат часовете. Da, sled kato svyrshat chasovete.
Nachdem er einen Unfall hatte, konnte er nicht mehr arbeiten.	След като претърпя злополука, той не можеше да работи повече. Sled kato pretyrpya zlopoluka, toy ne mozheshe da raboti poveche.
Nachdem er die Arbeit verloren hatte, ist er nach Amerika gegangen.	След като си беше загубил работата си, той замина за Америка. Sled kato si beshe zagubil rabotata si, toy zamina za Amerika.
Nachdem er nach Amerika gegangen war, ist er reich geworden.	След като замина за Америка, той забогатя. Sled kato zamina za Amerika, toy zabogatya.

95 [fünfundneunzig]

95 [деветдесет и пет]
95 [devetdeset i pet]

Konjunktionen 2

Съюзи 2
Syyuzi 2

Seit wann arbeitet sie nicht mehr?	Тя откога не работите вече? Tya otkoga ne rabotite veche?
Seit ihrer Heirat?	От женитбата си ли? Ot zhenitbata si li?
Ja, sie arbeitet nicht mehr, seitdem sie geheiratet hat.	Да, откакто се омъжи, тя не работи вече. Da, otkakto se omyzhi, tya ne raboti veche.
Seitdem sie geheiratet hat, arbeitet sie nicht mehr.	Откакто се омъжи, тя не работи повече. Otkakto se omyzhi, tya ne raboti poveche.
Seitdem sie sich kennen, sind sie glücklich.	Откакто се познават, те са щастливи. Otkakto se poznavat, te sa shchastlivi.
Seitdem sie Kinder haben, gehen sie selten aus.	Откакто имат деца, те рядко излизат. Otkakto imat detsa, te ryadko izlizat.
Wann telefoniert sie?	Тя кога се обажда по телефона? Tya koga se obazhda po telefona?
Während der Fahrt?	По време на пътуването? Po vreme na pytuvaneto?
Ja, während sie Auto fährt.	Да, докато шофира. Da, dokato shofira.

95 [fünfundneunzig]

95 [деветдесет и пет]
95 [devetdeset i pet]

Konjunktionen 2

Съюзи 2
Syyuzi 2

Sie telefoniert, während sie Auto fährt.	Тя се обажда по телефона, докато шофира. Tya se obazhda po telefona, dokato shofira.
Sie sieht fern, während sie bügelt.	Тя гледа телевизия, докато глади. Tya gleda televiziya, dokato gladi.
Sie hört Musik, während sie ihre Aufgaben macht.	Тя слуша музика, докато работи. Tya slusha muzika, dokato raboti.
Ich sehe nichts, wenn ich keine Brille habe.	Аз не виждам нищо, ако / когато нямам очила. Az ne vizhdam nishcho, ako / kogato nyamam ochila.
Ich verstehe nichts, wenn die Musik so laut ist.	Аз не разбирам нищо, ако / когато музиката е силна. Az ne razbiram nishcho, ako / kogato muzikata ye silna.
Ich rieche nichts, wenn ich Schnupfen habe.	Не подушвам нищо, ако / когато имам хрема. Ne podushvam nishcho, ako / kogato imam khrema.
Wir nehmen ein Taxi, wenn es regnet.	Ще вземем такси, ако вали. Shche vzemem taksi, ako vali.
Wir reisen um die Welt, wenn wir im Lotto gewinnen.	Ще направим околосветско пътешествие, ако спечелим от тотото. Shche napravim okolosvetsko pyteshestvie, ako spechelim ot tototo.
Wir fangen mit dem Essen an, wenn er nicht bald kommt.	Ще започнем да се храним, ако той не дойде скоро. Shche zapochnem da se khranim, ako toy ne doyde skoro.

96
[sechsundneunzig]

96 [деветдесет и шест]
96 [devetdeset i shest]

Konjunktionen 3

Съюзи 3
Syyuzi 3

Ich stehe auf, sobald der Wecker klingelt.	Аз ставам, щом будилникът звънне. Az stavam, shchom budilnikyt zvynne.
Ich werde müde, sobald ich lernen soll.	Аз се уморявам, щом трябва да уча. Az se umoryavam, shchom tryabva da ucha.
Ich höre auf zu arbeiten, sobald ich 60 bin.	Аз ще спра да работя, щом стана на 60. Az shche spra da rabotya, shchom stana na 60.
Wann rufen Sie an?	Кога ще се обадите по телефона? Koga shche se obadite po telefona?
Sobald ich einen Moment Zeit habe.	Щом имам секунда време. Shchom imam sekunda vreme.
Er ruft an, sobald er etwas Zeit hat.	Той ще се обади по телефона, щом има малко време. Toy shche se obadi po telefona, shchom ima malko vreme.
Wie lange werden Sie arbeiten?	Колко време ще работите? Kolko vreme shche rabotite?
Ich werde arbeiten, solange ich kann.	Аз ще работя, докато мога. Az shche rabotya, dokato moga.
Ich werde arbeiten, solange ich gesund bin.	Аз ще работя, докато съм здрав. Az shche rabotya, dokato sym zdrav.

96 [sechsundneunzig]

96 [деветдесет и шест]
96 [devetdeset i shest]

Konjunktionen 3

Съюзи 3
Syyuzi 3

Er liegt im Bett, anstatt dass er arbeitet.	Той лежи в леглото, вместо да работи. Toy lezhi v legloto, vmesto da raboti.
Sie liest die Zeitung, anstatt dass sie kocht.	Тя чете вестник, вместо да сготви. Tya chete vestnik, vmesto da sgotvi.
Er sitzt in der Kneipe, anstatt dass er nach Hause geht.	Той седи в кръчмата, вместо да си отиде вкъщи. Toy sedi v krychmata, vmesto da si otide vkyshchi.
Soweit ich weiß, wohnt er hier.	Доколкото зная, той живее тук. Dokolkoto znaya, toy zhivee tuk.
Soweit ich weiß, ist seine Frau krank.	Доколкото зная, жена му е болна. Dokolkoto znaya, zhena mu ye bolna.
Soweit ich weiß, ist er arbeitslos.	Доколкото зная, той е безработен. Dokolkoto znaya, toy ye bezraboten.
Ich hatte verschlafen, sonst wäre ich pünktlich gewesen.	Успах се, иначе щях да дойда навреме. Uspakh se, inache shchyakh da doyda navreme.
Ich hatte den Bus verpasst, sonst wäre ich pünktlich gewesen.	Изпуснах автобуса, иначе щях да дойда навреме. Izpusnakh avtobusa, inache shchyakh da doyda navreme.
Ich hatte den Weg nicht gefunden, sonst wäre ich pünktlich gewesen.	Не намерих пътя, иначе щях да дойда навреме. Ne namerikh pytya, inache shchyakh da doyda navreme.

97
[siebenundneunzig]

97 [деветдесет и седем]
97 [devetdeset i sedem]

Konjunktionen 4

Съюзи 4
Syyuzi 4

Er ist eingeschlafen, obwohl der Fernseher an war.	Той заспа, въпреки че телевизорът работеше. Toy zaspa, vypreki che televizoryt raboteshe.
Er ist noch geblieben, obwohl es schon spät war.	Той остана още, въпреки че вече беше късно. Toy ostana oshche, vypreki che veche beshe kysno.
Er ist nicht gekommen, obwohl wir uns verabredet hatten.	Той не дойде, въпреки че се бяхме уговорили. Toy ne doyde, vypreki che se byakhme ugovorili.
Der Fernseher war an. Trotzdem ist er eingeschlafen.	Телевизорът работеше. Въпреки това той заспа. Televizoryt raboteshe. Vypreki tova toy zaspa.
Es war schon spät. Trotzdem ist er noch geblieben.	Вече беше късно. Въпреки това той остана още. Veche beshe kysno. Vypreki tova toy ostana oshche.
Wir hatten uns verabredet. Trotzdem ist er nicht gekommen.	Ние се бяхме уговорили. Въпреки това той не дойде. Nie se byakhme ugovorili. Vypreki tova toy ne doyde.
Obwohl er keinen Führerschein hat, fährt er Auto.	Въпреки че няма шофьорска книжка, той кара кола. Vypreki che nyama shofьorska knizhka, toy kara kola.
Obwohl die Straße glatt ist, fährt er schnell.	Въпреки че пътят е хлъзгав, той кара бързо. Vypreki che pytyat ye khlyzgav, toy kara byrzo.
Obwohl er betrunken ist, fährt er mit dem Rad.	Въпреки че е пиян, той кара велосипед / колело. Vypreki che ye piyan, toy kara velosiped / kolelo.

97
[siebenundneunzig]

Konjunktionen 4

97 [деветдесет и седем]
97 [devetdeset i sedem]

Съюзи 4
Syyuzi 4

Er hat keinen Führerschein. Trotzdem fährt er Auto.	Той няма шофьорска книжка. Въпреки това той кара кола. Toy nyama shofьorska knizhka. Vypreki tova toy kara kola.
Die Straße ist glatt. Trotzdem fährt er so schnell.	Пътят е хлъзгав. Въпреки това той кара бързо. Pytyat ye khlyzgav. Vypreki tova toy kara byrzo.
Er ist betrunken. Trotzdem fährt er mit dem Rad.	Той е пиян. Въпреки това той кара велосипед / колело. Toy ye piyan. Vypreki tova toy kara velosiped / kolelo.
Sie findet keine Stelle, obwohl sie studiert hat.	Тя не си намира работа, въпреки че е следвала. Tya ne si namira rabota, vypreki che ye sledvala.
Sie geht nicht zum Arzt, obwohl sie Schmerzen hat.	Тя не отива на лекар, въпреки че има болки. Tya ne otiva na lekar, vypreki che ima bolki.
Sie kauft ein Auto, obwohl sie kein Geld hat.	Тя си купува кола, въпреки че няма пари. Tya si kupuva kola, vypreki che nyama pari.
Sie hat studiert. Trotzdem findet sie keine Stelle.	Тя е следвала. Въпреки това тя не си намира работно място. Tya ye sledvala. Vypreki tova tya ne si namira rabotno myasto.
Sie hat Schmerzen. Trotzdem geht sie nicht zum Arzt.	Тя има болки. Въпреки това тя не отива на лекар. Tya ima bolki. Vypreki tova tya ne otiva na lekar.
Sie hat kein Geld. Trotzdem kauft sie ein Auto.	Тя няма пари. Въпреки това тя си купува кола. Tya nyama pari. Vypreki tova tya si kupuva kola.

98 [achtundneunzig]

98 [деветдесет и осем]
98 [devetdeset i osem]

Doppelte Konjunktionen

Сложни съюзи
Slozhni syyuzi

Die Reise war zwar schön, aber zu anstrengend.	Пътуването всъщност беше хубаво, но доста напрегнато. Pytuvaneto vsyshchnost beshe khubavo, no dosta napregnato.
Der Zug war zwar pünktlich, aber zu voll.	Влакът всъщност дойде навреме, но доста пълен. Vlakyt vsyshchnost doyde navreme, no dosta pylen.
Das Hotel war zwar gemütlich, aber zu teuer.	Хотелът всъщност беше уютен, но доста скъп. Khotelyt vsyshchnost beshe uyuten, no dosta skyp.
Er nimmt entweder den Bus oder den Zug.	Той ще вземе или автобуса, или влака. Toy shche vzeme ili avtobusa, ili vlaka.
Er kommt entweder heute Abend oder morgen früh.	Той ще дойде или днес вечерта, или утре рано. Toy shche doyde ili dnes vecherta, ili utre rano.
Er wohnt entweder bei uns oder im Hotel.	Той ще отседне или при нас, или на хотел. Toy shche otsedne ili pri nas, ili na khotel.
Sie spricht sowohl Spanisch als auch Englisch.	Тя говори както испански, така и английски. Tya govori kakto ispanski, taka i angliyski.
Sie hat sowohl in Madrid als auch in London gelebt.	Тя е живяла както в Мадрид, така и в Лондон. Tya ye zhivyala kakto v Madrid, taka i v London.
Sie kennt sowohl Spanien als auch England.	Тя познава както Испания, така и Англия. Tya poznava kakto Ispaniya, taka i Angliya.

98 [achtundneunzig]

98 [деветдесет и осем]
98 [devetdeset i osem]

Doppelte Konjunktionen

Сложни съюзи
Slozhni syyuzi

Er ist nicht nur dumm, sondern auch faul.	Той е не само глупав, но и мързелив. Toy ye ne samo glupav, no i myrzeliv.
Sie ist nicht nur hübsch, sondern auch intelligent.	Тя е не само хубава, но и интелигентна. Tya ye ne samo khubava, no i inteligentna.
Sie spricht nicht nur Deutsch, sondern auch Französisch.	Тя говори не само немски, но и френски. Tya govori ne samo nemski, no i frenski.
Ich kann weder Klavier noch Gitarre spielen.	Аз не мога да свиря нито на пиано, нито на китара. Az ne moga da svirya nito na piano, nito na kitara.
Ich kann weder Walzer noch Samba tanzen.	Аз не мога да танцувам нито валс, нито самба. Az ne moga da tantsuvam nito vals, nito samba.
Ich mag weder Oper noch Ballett.	Аз не обичам нито опера, нито балет. Az ne obicham nito opera, nito balet.
Je schneller du arbeitest, desto früher bist du fertig.	Колкото по-бързо работиш, толкова по-рано ще свършиш. Kolkoto po-byrzo rabotish, tolkova po-rano shche svyrshish.
Je früher du kommst, desto früher kannst du gehen.	Колкото по-рано дойдеш, толкова по-рано можеш да си тръгнеш. Kolkoto po-rano doydesh, tolkova po-rano mozhesh da si trygnesh.
Je älter man wird, desto bequemer wird man.	Колкото по-остаряваш, толкова по-удобен ставаш. Kolkoto po-ostaryavash, tolkova po-udoben stavash.

99 [neunundneunzig]

99 [деветдесет и девет]
99 [devetdeset i devet]

Genitiv

Родителен падеж
Roditelen padezh

die Katze meiner Freundin	котката на моята приятелка kotkata na moyata priyatelka
der Hund meines Freundes	кучето на моя приятел kucheto na moya priyatel
die Spielsachen meiner Kinder	играчките на моите деца igrachkite na moite detsa
Das ist der Mantel meines Kollegen.	Това е палтото на моя колега. Tova ye paltoto na moya kolega.
Das ist das Auto meiner Kollegin.	Това е колата на моята колежка. Tova ye kolata na moyata kolezhka.
Das ist die Arbeit meiner Kollegen.	Това е работата на моите колеги. Tova ye rabotata na moite kolegi.
Der Knopf von dem Hemd ist ab.	Копчето на ризата се скъса. Kopcheto na rizata se skysa.
Der Schlüssel von der Garage ist weg.	Ключът на гаража го няма. Klyuchyt na garazha go nyama.
Der Computer vom Chef ist kaputt.	Компютърът на шефа е повреден. Kompyutyryt na shefa ye povreden.

99
[neunundneunzig]

99 [деветдесет и девет]
99 [devetdeset i devet]

Genitiv

Родителен падеж
Roditelen padezh

Wer sind die Eltern des Mädchens?	Кои са родителите на момичето? Koi sa roditelite na momicheto?
Wie komme ich zum Haus ihrer Eltern?	Как да стигна до къщата на твоите родители? Kak da stigna do kyshchata na tvoite roditeli?
Das Haus steht am Ende der Straße.	Къщата е в края на улицата. Kyshchata ye v kraya na ulitsata.
Wie heißt die Hauptstadt von der Schweiz?	Как се казва столицата на Швейцария? Kak se kazva stolitsata na Shveytsariya?
Wie heißt der Titel von dem Buch?	Какво е заглавието на книгата? Kakvo ye zaglavieto na knigata?
Wie heißen die Kinder von den Nachbarn?	Как се казват децата на съседите? Kak se kazvat detsata na sysedite?
Wann sind die Schulferien von den Kindern?	Кога е ваканцията на децата? Koga ye vakantsiyata na detsata?
Wann sind die Sprechzeiten von dem Arzt?	Кога е приемният час на лекаря? Koga ye priemniyat chas na lekarya?
Wann sind die Öffnungszeiten von dem Museum?	Какво е работното време на музея? Kakvo ye rabotnoto vreme na muzeya?

100 [hundert]

100 [сто]
100 [sto]

Adverbien

Наречия
Narechiya

schon einmal – noch nie

вече – още не
veche – oshche ne

Sind Sie schon einmal in Berlin gewesen?

Били ли сте вече в Берлин?
Bili li ste veche v Berlin?

Nein, noch nie.

Не, още не.
Ne, oshche ne.

jemand – niemand

някой – никой
nyakoy – nikoy

Kennen Sie hier jemand(en)?

Познавате ли някого тук?
Poznavate li nyakogo tuk?

Nein, ich kenne hier niemand(en).

Не, не познавам никого тук.
Ne, ne poznavam nikogo tuk.

noch – nicht mehr

още – няма
oshche – nyama

Bleiben Sie noch lange hier?

Ще останете ли още дълго тук?
Shche ostanete li oshche dylgo tuk?

Nein, ich bleibe nicht mehr lange hier.

Не, няма да остана дълго тук.
Ne, nyama da ostana dylgo tuk.

100 [hundert]		100 [сто] 100 [sto]
Adverbien		Наречия Narechiya

noch etwas – nichts mehr	още нещо – нищо повече oshche neshcho – nishcho poveche
Möchten Sie noch etwas trinken?	Желаете ли още нещо за пиене? Zhelaete li oshche neshcho za piene?
Nein, ich möchte nichts mehr.	Не, не желая нищо повече. Ne, ne zhelaya nishcho poveche.
schon etwas – noch nichts	вече нещо – още нищо veche neshcho – oshche nishcho
Haben Sie schon etwas gegessen?	Ядохте ли вече нещо? Yadokhte li veche neshcho?
Nein, ich habe noch nichts gegessen.	Не, още нищо не съм ял. Ne, oshche nishcho ne sym yal.
noch jemand – niemand mehr	още някой – никой повече oshche nyakoy – nikoy poveche
Möchte noch jemand einen Kaffee?	Желае ли още някой кафе? Zhelae li oshche nyakoy kafe?
Nein, niemand mehr.	Не, никой. Ne, nikoy.